Günter Grass

rororo

rowohlts monographien
begründet von Kurt Kusenberg
herausgegeben von Wolfgang Müller
und Uwe Naumann

rororo

Günter Grass

Dargestellt von Heinrich Vormweg

Rowohlt Taschenbuch Verlag

Umschlagvorderseite: Günter Grass, 1999
Umschlagrückseite: Selbst mit toten Fliegen. Radierung, 1992
Umschlagzeichnung zur «Blechtrommel», 1959

Seite 3: Blechtrommel-Autor Grass, 1959
Seite 7: Günter Grass, 1974

Überarbeitete und erweiterte Neuausgabe
September 2002

Originalausgabe
Veröffentlicht im Rowohlt Taschenbuch Verlag
GmbH, Reinbek bei Hamburg, November 1986

Umschlaggestaltung Ivar Bläsi
Redaktionsassistenz Katrin Finkemeier
Reihentypographie Daniel Sauthoff
Layout Gabriele Boekholt
Satz PE Proforma *und* Foundry Sans *PostScript,*
QuarkXPress 4.11
Gesamtherstellung Clausen & Bosse, Leck
Printed in Germany
ISBN 3 499 50559 2

Die Schreibweise entspricht den Regeln
der neuen Rechtschreibung.

INHALT

Ein überaus starker Auftritt

Einführung

Er habe, antwortete Günter Grass mir ganz ernsthaft, den Umsatz bei Aalen beeinflusst, und so etwas sei nun wirklich ein Erfolg. Das war Anfang der sechziger Jahre. Erfolg und Ruhm waren, wenngleich sie sich zuvor schon angekündigt hatten, über den Autor des Romans *Die Blechtrommel* in einem Ausmaß und mit einer Wucht hereingebrochen, die befürchten ließen, sie könnten die Identität des jungen, bei Erscheinen des Romans einunddreißigjährigen Schriftstellers gefährden. Doch Günter Grass ließ sich nichts vormachen. Sein Verhältnis zum Erfolg entsprach von vornherein seinem Verhältnis zu dem monströsen Stoff seines ersten großen Erzählpanoramas, Kindheit und Jugend in der Nazi-, Kriegs- und Nachkriegszeit: Es war skeptisch, robust sachlich und scharfsinnig interessiert an den grotesken und schimärischen Momenten allen Erfolgs. Wenn aber das *Blechtrommel*-Kapitel *Karfreitagskost* mit seinem zentralen Bild, dem aus flachem Meer hochgezerrten, von gefräßigen jungen und dicken Aalen *triefend wimmelnden Pferdekopf* [1], dessen ekliger Anblick Oskar Matzeraths Mutter Agnes über kurz das Leben kostet, tatsächlich einer statistisch zu Buche schlagenden Zahl von Leuten den Appetit auf Aal verdorben hatte, dann gab es daran jedenfalls nichts zu deuteln.

Nach seinem ersten großen Auftritt auf der Literaturszene im Jahre 1959, dem seit 1955 einige kleinere – vor allem in der Gruppe 47 – vorangegangen waren, hat Günter Grass ähnlichen Einfluss auch auf das Tragen von Schnauzbärten, das Selberdrehen von Zigaretten aus schwarzem Feinschnitt-Tabak, die öffentliche Einstellung zur Pornographie, das Verhältnis zum Kochen und Essen nicht nur in literarisch interessierten Kreisen, das Bild von der deutschen Literatur in aller Welt und manch anderes gehabt. Die erzählerische Potenz und das erzählerische Volumen, die solche Wirkungen auslösten, waren dermaßen außer der Reihe, dass Neidlosigkeit, zunächst einmal, die Zustimmung, den Beifall jedenfalls der etwa Gleichaltrigen, aber auch vieler Älterer kennzeichnete. Die Auseinandersetzung mit einer bis dahin noch immer verdrängten Vergangenheit, wie dieser junge Erzähler sie praktizierte, sie hatte etwas Befreiendes, sie machte auf verquere Art Hoffnung.

Herausgefordert und fasziniert von der *Danziger Trilogie* mit dem Roman *Die Blechtrommel*, der Novelle *Katz und Maus*, dem Roman *Hundejahre* habe ich Günter Grass Anfang der sechziger Jahre in West-Berlin kennen gelernt. Bis auf wenige Monate gleichaltrig, ebenfalls – wenn auch im Westen – in kleinen Verhältnissen und katholisch aufgewachsen, ebenfalls im Jungvolk, in der Hitlerjugend und Luftwaffenhelfer gewesen und noch 1945 einberufen worden zur Wehrmacht, seit den letzten Kriegstagen ebenfalls mit allen Kräften dabei, via Literatur und Kunst über meine kleinen Verhältnisse hinauszugucken, brachte für mich die Begegnung entschiedene Sympathie auf den ersten Blick. Grass lud mich gleich beim Kennenlernen zu einem Schnaps ein. Auch er wusste, mit wem er redete. Ich hatte soeben in der damaligen «Deutschen Zeitung» über die *Hundejahre* eine meiner ersten umfangreichen Rezensionen publiziert, sie hatte ein gewisses Aufsehen erregt, sie gefiel Grass, er fühlte sich verstanden. Und ich fühlte mich ebenfalls verstanden. Ein Jahr später habe ich in der schon lange eingestellten Zeitschrift «Magnum» über einen Besuch in der Friedenauer Niedstraße 13 berichtet, und das Ergebnis war ähnlich, nur noch etwas persönlicher und deutlicher.

Als die Wirkungen und die möglichen Wirkungen dessen, was er schrieb und tat, Günter Grass dann vollends klar geworden waren, hat er seinen Ruhm zum *Begrüßgustav* [2] in anderer Sache genutzt und als Wahlkämpfer die Akzeptanz der SPD zunächst einmal bei der jüngeren und jungen Generation der sechziger Jahre erhöht, auch dies statistisch messbar. Wie viele andere hatte es mich zunächst irritiert, als Grass wie irgendein Politiker auf Wahlkampftournee ging, um für die *Es-Pe-De* zu trommeln. Zwar meinte ich, die Sache sei einleuchtend und auch konsequent, doch ich befürchtete, wenn schon nicht durch seine wahrhaftig abnorme Berühmtheit werde der Schriftsteller Grass jedenfalls als Wahlkämpfer Schaden nehmen. Über Jahre hin sind ja dann auch Indizien, die dies scheinbar bestätigten, gesammelt und Grass immer wieder unter die Nase gerieben worden. Daran habe ich mich öffentlich überhaupt nicht und dann bald auch privatim nicht mehr beteiligt. Die Indizien, so schien mir, wurden systematisch falsch gewertet, und der Grund dafür war durchweg ein zwar traditionsreiches, doch fragwürdiges Bild vom Schriftsteller, das Grass aus guten Gründen und mit imponierender Risikobereitschaft zu korrigieren versuchte.

Als Günter Grass wusste, was es heißt zu schreiben, hatte Günter Grass auch zwangsläufig in Erfahrung gebracht, was es heißt, einen Auftritt zu haben. Das war schon Voraussetzung seines politischen Engagements. Seit langem ist das persönliche öffentliche Auftreten – sei es bei Lesungen, Diskussionsveranstaltungen und Preisverleihungen, nicht zuletzt im Fernsehen – ein fast unvermeidlicher Teil der Schriftsteller-Existenz, auch wenn Einzelne, wie Arno Schmidt, sich dem immer wieder verweigert haben. Grass hat es nur, weil er das für notwendig hielt, aus der literaturbetrieblichen Inzucht herausgelöst. Es hat ihm das Schreiben schwerer gemacht und es hat seine Schreibkunst beeinflusst – beschädigt hat es sie vielen Unkenrufen zum Trotz nicht.

Es hat ihm im Übrigen offensichtlich Lustgewinn verschafft – und er hat ihn dann nicht leichthin wieder verspielt, sondern mühsam ebenso wie den Ruhm im Interesse einer

Sache genutzt, die es auch in meinen Augen lohnt; vielleicht ist bis hin zu seinem Engagement für die Friedensbewegung praktische politische Aufklärung die angemessene Bezeichnung. Was den Lustgewinn betrifft, lässt sich nur sagen, dass Menschenmengen Günter Grass nicht irritieren, sondern anregen. Auch im Trubel von Tagungen, Kongressen, Großveranstaltungen kann er zuhören, nachdenken, gegebenenfalls seine Meinung ändern – und sprechen wie gedruckt. Nicht nur einzeln, als Leser oder Gesprächspartner, fordert er die Leute wie eine Naturkraft, sondern auch in Gruppen, in großen Sälen. Dieser Schriftsteller mag deshalb die Show, die Einmannshow. Aber nicht er, Grass, sondern die Show verändert hierüber völlig den gewohnten Charakter. Da wird niemand eingeseift und abgerieben, niemand wird übers Ohr gehauen oder umgedreht: Die Show wird zum Appell an das Selbst, das Selbstdenken, das Selbstbewusstsein der Leute. Nichts von Showgeschäft. Kommt Antwort, ist Grass der aufmerksamste und geduldigste Zuhörer, konzentriert von Anfang an.

Schon einige Zeit vor dem Bundestagswahlkampf 1965 hatte Grass begonnen, für die SPD zu trommeln. In die SPD eingetreten ist er, aus Demonstrationsgründen, erst im Wendejahr 1982, und dann auch nur für begrenzte Zeit. Distanz blieb ihm wichtig. Er ergreift Partei nicht für irgendeiner Wahrheit letzten Schluss, sondern – aufs Grundgesetz und auf Wahlen pochend – für die bestmögliche von den Leuten akzeptierbare Politik. Er schlug vor, das *kleinere Übel*, die *gute alte Tante* zu wählen – *mein schlechtes Gewissen, mein Ärgernis, meine schwach begründete Hoffnung SPD*[3]. Jedenfalls: *das kleinere Übel.* Schon diese Formulierungen zeigen deutlich, dass er nicht bereit war, seine Autonomie als Schriftsteller parteilich unterzuordnen.

Die SPD kam seinem Bedürfnis nach einer die bloße Restauration überwindenden, mehr soziale Gerechtigkeit und mehr Demokratie suchenden Politik auch deshalb entgegen, weil er, als gebranntes Kind, einen Horror hatte vor allem, das allein selig machen zu können glaubt, vor absoluten und totalen Lösungen, auch wie die Kommunisten sie anboten, vor dem Idealismus, der sich solchen gern zuordnet. Das hat sein Verhältnis zu den Achtundsechzigern, zur Studentenbewegung, zur Außerparlamentarischen Opposition geprägt. Ich bin rasch bereit gewesen, das alltags- und realpolitische Engagement von Günter Grass als schlüssig zu akzeptieren, und ich habe nach meinen Möglichkeiten schließlich mitgetan als Redakteur der von Heinrich Böll, Grass und Carola Stern herausgegebenen Zeitschrift «L '76», später als Mitherausgeber der Zeitschrift «L '80». Doch es war mir zunächst schwer gefallen, die Attacke gegen Brecht in dem Stück *Die Plebejer proben den Aufstand*, dann den Streit mit der APO zu begreifen, auf den Grass sich einließ – das hatte ja auch eine ästhetische Dimension. Die politisch plausible Verteidigung des Schneckentempos bei allen Fortschritten, nahm sie nicht, allzu direkt auf sie bezogen, der Literatur und dem Denken schließlich doch die Luft? Musste nicht Literatur in Entwurf und Projektion so radikal aufs Ganze gehen, weil ihr Teil eben die bedingungslose Herausforderung ist? Gab Grass an diesem Punkt nicht doch noch seine Autonomie als Schriftsteller auf? Entsprach nicht die Radikalität, die in der Studentenbewegung der Antrieb war, jener Radikalität, ohne die Literatur zur Dekoration wird? Ich habe Grass schließlich meine Fragen gestellt, auch öffentlich, und das sogar im Vorwort zur Ausgabe seiner *Gesammelten Gedichte.* Er ließ sie, als Fragen, gelten. Er revanchierte sich mit ironischen Bemerkungen über so manche aufgeklärte Konservative, die nun ausgerechnet ihn links überholten. Er sah darin, glaube ich, einen allerdings nicht mehr sonderlich gefährlichen Rest von Idealismus. Für mich ist dieses Dilemma noch immer nicht ausgestanden, jedenfalls nicht in seiner Rückwirkung auf Literatur. Was Grass selbst betrifft, hat er übrigens die geschichtliche Bedeutung des Studentenprotestes durchaus erkannt und anerkannt. Es war auch in seinen Augen *das erste politische Bewußtwerden der Nachkriegsgeneration*[4].

Nicht nur aus seinen Büchern jedenfalls, nicht nur als Theater- und Ausstellungsbesucher, vom Bildschirm, als Zuhörer bei Lesungen, Reden, Diskussionen und Wahlveranstaltungen kenne ich Günter Grass, sondern auch von gemeinsamen Auftritten, langen Gesprächen in kleiner Gruppe und unter vier Augen, von Abenden beim Essen und beim Wein, aus Situationen, in denen er und ich ganz verschiedener Meinung waren. Auch das sind Voraussetzungen dieser Monographie, und es scheint mir richtig, es zu erwähnen, gerade weil sie weder Freundesdienst noch Hofbericht sein soll. Heraushalten kann ich mich nicht.

Selbst wo er unbestritten princeps ist, bleibt Günter Grass dies inter pares. Es beunruhigt ihn nicht, einer in der Menge zu sein, unter Gleichen, das wird ihm seit langem nur außerordentlich schwer gemacht. Auch im literarischen Vergleich. Als Arno Schmidt 1964 den Berliner Fontane-Preis erhielt, hat Günter Grass die Laudatio gehalten. Er weiß, dass Erfolg bei den Lesern und Ruhm nur sehr bedingt etwas sagen über literarischen Rang. Aus der Gruppe 47 weiß er, was Solidarität unter konkurrierenden Schriftstellern bedeutet. Er achtet den an-

Mit Hans Werner Richter, Initiator der Gruppe 47. Princeton 1966

deren Autor, heiße er nun Heinrich Böll, Uwe Johnson oder Helmut Heißenbüttel, Paul Celan oder Hans Magnus Enzensberger. Er ist bereit, seinen Ruhm als *Begrüßgustav* auch für andere Schriftsteller zu aktivieren, sie *huckepack* zu nehmen und auf Lesereisen auch für sie zu werben wie im Falle Hans Joachim Schädlichs, oder durch die Stiftung eines eigenen Preises, des Alfred-Döblin-Preises.

Die gewohnten Unterscheidungen und Zuordnungen verfangen nicht bei Günter Grass. Doch so viel lässt sich schon im Voraus sagen: Zuallererst und zuallerletzt ist er, auch wenn er Literaturpolitik betreibt, Schriftsteller, wie in etwas anderer Konstellation auch Heinrich Böll es war, sogar wenn er sich ebenso skeptisch wie resolut in Wahlkämpfe verwickelt, sogar wenn er, vorübergehend von *Schreibekel* gepackt, sich auf seine Anfänge als Bildhauer besinnt oder – was er zu keiner Zeit ganz lassen kann, was ein Aspekt seiner erstaunlichen Produktivität ist – zeichnet und spiegelverkehrt Bilder in Kupferplatten ritzt. Die Bildphantasie des Erzählers oder Gedichteschreibers und des Künstlers bleibt dieselbe, aber einen Streit darüber, in welcher Dimension sie sich primär und umfassender realisiert, wo sie mit all ihren Möglichkeiten am produktivsten ist, wird ernstlich niemand anzetteln.

Günter Grass ist Schriftsteller, und zwar einer der auffällig aus der Menge der Schriftsteller in der Geschichte nicht allein der Bundesrepublik, sondern aller deutschsprachiger Länder seit Ende des Zweiten Weltkriegs herausragenden. Wenn Heinrich Böll, als er 1972 die Nachricht erhielt, der Nobelpreis für Literatur sei ihm zuerkannt worden, erstaunt gefragt hat, wieso er und nicht Grass, so war das nicht unangebrachte Bescheidenheit, sondern entsprach einer durchaus realistischen Erwägung. Aber Günter Grass ist Schriftsteller vor einem erstaunlich, ja unvergleichlich breiten existenziellen Hintergrund von Möglichkeiten, von denen manche für sich allein ein Leben ausfüllen könnten. Und er ist es auf eine Art und Weise, die jede konventionelle Deutung ausschließt. Da muss man sich schon – und das ist außerordentlich spannend – auf die Einzelheiten einlassen.

Das zeitgenössische Ich

Aufgewachsen in Danzig

War Günter Grass Oskar Matzerath? War er selbst mit allen Erinnerungen, Ängsten und Träumen sein Vorbild für den unserer Zeit nächsten und in ihr berühmtesten aller Pikaros, der an seinem dritten Geburtstag beschlossen hat, von nun an nicht mehr zu wachsen, für Oskar den Blechtrommler und Glaszersinger, Oskar den dreijährigen Dreimalklugen, den Gnom, den Däumling, den Dreikäsehoch? Für Oskar den Insassen einer Heil- und Pflegeanstalt auch, der seine Memoiren aus dem Freistaat Danzig, aus Drittem Reich, Zweitem Weltkrieg

Das zerstörte Danzig

und der frühen Nachkriegszeit erzählt? Es lässt sich hierauf nur antworten: Aber ganz gewiss. Und im selben Atemzug: Nur darf man so nicht zu schnell schließen.

Der Geburtsort stimmt, sogar mit Stadtteilbezeichnung. Oskars Eltern – der kleine Kolonialwarenhändler Matzerath und seine kaschubische Ehefrau Agnes – sind den Eltern von Günter Grass selbst nach allen Auskünften sehr ähnlich. Oskar ist ein Künstler auf seiner Trommel, macht seine Erfahrungen mit dem katholischen Mief und hat schließlich ebenfalls, wie Grass selbst, Steinmetz gelernt. Eines allerdings stimmt nicht: das Geburtsdatum. Günter Grass ist im Danziger Vorort Langfuhr geboren am 16. Oktober 1927, Oskar aber schon Anfang September 1924.

Der Autor der *Blechtrommel* hat dafür eine plausible Erklärung: Die Festsetzung von Oskars Geburtstag war ein Reflex auf die Bedeutung, die für die Generation von Günter Grass, für alle in den zwanziger Jahren unseres Jahrhunderts geborenen Deutschen besonders männlichen Geschlechts die *Zufälligkeit des Jahrgangs*[5] hatte. Was die im gegebenen Zusammenhang beliebtere Vorstellung von einer «Gnade der späten Geburt»[6] resolut richtig stellt. Grass weiß, nur drei, vier Jahre älter, und sein Leben hätte völlig anders verlaufen können.[7]

In der literarischen, zugleich existenziellen und aufs Exemplarische zielenden Auseinandersetzung mit Drittem Reich, Nationalsozialismus, den Schrecken von Krieg und Vernichtung habe er schon deshalb, betont Grass, nicht die Position des Unschuldigen einnehmen wollen und können. *Es fehlen ja all die Ankläger, die tot sind. Nicht nur die Opfer – da sowieso, die Millionen – auch dort, wo sie zu Tätern gemacht wurden, weil sie keine oder nicht genug Abwehrkräfte hatten. Die Jahrgänge vor mir von 1920 an – Jahrgang 22 ist, glaube ich, der am meisten dezimierte – das sind ja alles schweigende Positio-*

«Ich könnte für mich nicht garantieren, so wie ich bis 1945 aufgewachsen bin – drei Jahre früher geboren, vier Jahre früher geboren, hätte ich unter Umständen in verbrecherische Vorgänge tätig hineinverwickelt sein können. Ich kann nicht dafür garantieren, ob ich da Abwehrkräfte genug gehabt hätte. Ich glaube nicht, ich war dafür nicht ausgebildet, nicht ausgerüstet.»

Günter Grass im Gespräch

nen. Ich glaube, wenn man da hineingeboren wird und mit solchen, auch geschichtlichen Lasten lebt, gehört es mit dazu, daß man diese schweigende Großzahl mit artikuliert. Und so das nur auf den ersten Blick widersprüchliche, tatsächlich höchst aufschlussreiche Resümee: *Sicher ist «Die Blechtrommel» kein autobiographischer Roman. Aber es ist kein Zufall, daß ich das Geburtsjahr von Oskar Matzerath nicht auf das Jahr 1927, sondern auf das Jahr 1924 gesetzt habe.*

Sicher ist *Die Blechtrommel*, sind *Katz und Maus* und *Hundejahre* keine autobiographischen Werke, doch ihr Stoff, ihr Material ist bis in die Details weitgehend autobiographisch. Auch der Erzähler Pilenz und selbst der Ritterkreuzaspirant und -träger Joachim Mahlke in *Katz und Maus*, auch Brauxel (oder Brauchsel oder Brauksel) und Walter Matern, sogar Harry Liebenau in den *Hundejahren*, sie sind vom Stoff des Günter Grass. Die bis heute relativ spärlichen Informationen zur Biographie

An der Danziger Bucht bei Brösen. Drei Generationen der Grass: In der Mitte Großvater Friedrich Grass und Frau Mathilde; rechts der Vater Willy Grass (1899 – 1979) und Frau Helene (1898 – 1954), in ihrem Schoß Günter Grass; links die Schwester des Vaters und Ehemann Preuß mit ihren Töchtern Hannelore und Ingrid

des Autors jedenfalls bis zum Abschluss der *Danziger Trilogie*, sie wirken manchmal wie bloße Fußnoten zum Erzählten, wie Erinnerungen daran, dass die Leser es hier nicht einfach mit bilderreichen, grotesk-phantastischen Imaginationen zu tun haben, sondern mit einem Werk, das Anspruch darauf hat, auch als ein Geschichtswerk zu gelten, ein erlebnisgesättigtes, wirklichkeitspralles Geschichtswerk aus Deutschlands großer, seiner finstersten Zeit, die den Lebenslauf des Autors wie so vieler anderer elementar geprägt hat.

Es lässt sich aufzählen: Geburtsort und -datum, die Kindheit in der Zwei-Zimmer-Wohnung über dem Kolonialwarenladen der Eltern, Eintritt ins Gymnasium, Eintritt ins Jungvolk und in die Hitlerjugend, mit fünfzehn Jahren Luftwaffenhelfer, nach einem Vierteljahr Arbeitsdienst im Spätsommer 1944 Einberufung zur Panzerwaffe, Verletzung beim Fronteinsatz, amerikanische Kriegsgefangenschaft, in der Nachkriegszeit

Goldene Hochzeit der Großeltern Grass

Hochzeitsbild der Eltern

Die Mutter mit dem sechsjährigen Günter
und der dreijährigen Waltraut

umhergeworfen in Westdeutschland ... Dies alles und weiteres lässt sich aufzählen, das hat auch Sinn, schon weil es, wie angedeutet, den Wirklichkeitsbezug des von Grass Erzählten erhellt. Aber es hat keine Bedeutung im Sinn der traditionsreichen bürgerlichen Biographik. Es sagt mehr – und Typisches – über den Entwicklungsgang einer ganzen Generation Deutscher, derer, die 1945 siebzehn, achtzehn Jahre alt waren, als über das Individuum Günter Grass.

Mich hat es nie gereizt, sagt Grass, *und würde es auch nie reizen, meinem Lebenslauf nachzugehen und meinen wechselnden Empfindungen, mich quasi herauslösend aus dem jeweiligen Zeitgeschehen. Für mich ist meine eigene Biographie immer nur dann interessant gewesen, wenn ich sie begriff mit Zeitströmungen, mit Wendemarken, mit Umbrüchen und Brüchen wie 1945, und auch dann kam es mir darauf an, was ich selbst erlebt hatte im Verhältnis zu anderen zu sehen, es zu brechen, es auf Personen auszudehnen, aufzuteilen, eigenes Erfahren mit anderem zu mischen, literarische Figuren entstehen zu lassen, die nur ganz selten direkte Porträts sind.*[8] Und Grass weiter zu seinem Selbstgefühl, zum autobiographischen Schreiben: *Ich könnte mich auch in dem Sinne nicht erinnern. Ich kann mich in dem Augenblick sofort erinnern, wenn ich mein Ich mit einer Fiktion konfrontiere, in einem bestimmten Zeitraum. Dann ist da ein nahezu unbegrenztes Erinnerungsvermögen an das gesamte Umfeld. Aber das bloße Ich, mein bloßes Ich, wenn ich ihm nachgehen sollte, beschreibend, würde mich noch vor der Einschulung langweilen.* Das ist eine elementare und folgenreiche Aussage: Was Grass selbst gerade auch als Auskunft über seine Person für belangvoll hält, ist nachzulesen in seinen Büchern, eine wirkliche Autobiographie wird er niemals schreiben. In seinen Augen ist – das sei hier vorweggenommen – das Ich in einigen seiner Gedichte *ja auch schon wieder ein ganz anderes Ich als das autobiographische Ich.* Und wenn schließlich im *Tagebuch einer Schnecke* Autobiographisches in den Vordergrund geraten sei, *weil ich auf verschiedene Art und Weise in Frage gestellt war,* so habe sich ihm dabei doch gezeigt, *daß das Ich, in ein Manuskript eingebracht, sich verändert, Fiktion wird. Und wenn es gestaffelt genug ist, von den Erzählebenen her, sich auch die Ablösung vom Fiktion gewordenen Ich zum zeitgenössischen Ich nahtlos vollziehen kann.*

Das *bloße Ich,* das zur *Fiktion* werdende Ich, das *zeitgenössische Ich*: In diesen Unterscheidungen verbirgt sich eine Absage an eine gehätschelte deutsch-bürgerliche Tradition, deren Bedeutung kaum überschätzt werden kann, an jene Tradition, die einmal mit Goethes «Dichtung und Wahrheit» ihren Anfang nahm. Nur unter extremem Vorbehalt vertraut Grass einer direkten Aussagekraft seines Ichs. Nicht in der individualistischen Ausprägung, nur in seinen zeitgenössischen Bezügen gewinnt es als Ich eine Realität, die literarisch standhält, die allgemeine Bedeutung haben kann. Eine stark zugespitzte Aussage in dieser Sache, bezogen auf den Begriff des Humanen bei Heinrich Böll und auf Alfred Andersch lautet so: *Was ich damit meine ist: daß ich bei dem Roman «Blechtrommel» auch bewußt gegen eine Tendenz der unmittelbaren Nachkriegsliteratur angeschrieben habe, die sich ortlos verstand, zeitlos verstand in einer teils epigonalen, teils unbewußten Kafka-Nachfolge. Ich will das an einem Bei-*

spiel ausführen, an einem Buch, das ich mit Interesse gelesen habe: Anderschs «Sansibar». In diesem Buch wird der personelle Bereich, der klischeehaft antifaschistisch benannt werden könnte, genau besehen und geschildert, in seinen Lebensumständen und seinem Verhalten beschrieben, während der andere Bereich, der faschistische, genauer gesagt nationalsozialistische, einfach als «die anderen» bezeichnet wird. Eine Unterscheidung, die ich – und jetzt bin ich bei dem Böllschen Begriff – als inhuman empfunden habe. Ich gehe davon aus, daß ein Schriftsteller von Buch zu Buch die Summe seiner Figuren ist, inklusive die SS-Männer, die darin vorkommen; und er muß diese Figuren, ob er will oder nicht, auf literarische, kühle, distanzierte Art lieben können, er muß in sie hinein können; er kann sich nicht von ihnen distanzieren und sie einfach angewidert «die anderen» nennen.[9]

Der Schriftsteller Günter Grass sucht und verwirklicht seine Legitimation als *zeitgenössisches Ich.* Er wertet deshalb sich selbst und seinen Lebenslauf anders, als das sonst noch immer üblich ist. Nicht als die einzelne Person und aus dieser selbst heraus sieht er sich als Schriftsteller berufen, sondern in seinem Vermögen, sich schreibend, erzählend der Zeitgenossenschaft bewusst zu machen und solches Bewusstsein den Lesern zu vermitteln. Er sieht sich selbst abhängig stehen in der Geschichte, und in der Möglichkeit, sich dessen exemplarisch zu vergewissern, hat er für sich die einzige Möglichkeit erkannt, sich gegen solche Abhängigkeit auch aufzulehnen. *Vielleicht haben mich die Schuldprobleme daran gehindert, so eindringlich wie Max Frisch über Identitätsprobleme nachzudenken.*[10]

Sollen sie nicht zu bloßem Klatsch verkommen, sind unter solcher, ja im Werk von Günter Grass breit untermauerter Voraussetzung alle biographischen Hinweise nicht für sich, nicht als autonome Faktoren, sondern nur in ihrer geschichtlichen Bezogenheit relevant. Nicht das individuell Besondere – das zeitgenössisch Exemplarische ist wichtig; nicht der Autor als erlebendes, empfindendes, exemplarisch-repräsentatives Individuum – die im Werk sich dokumentierende Zeitgenossenschaft fordert Aufmerksamkeit.

Auffällig ist, wie Günter Grass, wenn er sich überhaupt zu autobiographischen Mitteilungen versteht, für die Zeit vor

1945 das Angepasste, das Mitmachen betont. Danzig, seine Heimatstadt, war bis 1939 Freie Stadt, trotz aller Zuspitzungen unterschieden sich bis dahin die Verhältnisse von denen im Reich. Doch die Nazis drängten auch hier an die Macht, und fast alle kleinen Leute waren auf ihrer Seite – *ich bin, wie die meisten, in Danzig freiwillig ins Jungvolk gegangen. Das hatte einen ungeheuren Reiz […] Ich bin gern zu diesen Jungvolkveranstaltungen gegangen, ins Zeltlager etc., während die Hitlerjugend mit ihren Kameradschaftsabenden schon langweilig war. Da gab es schon Intrigen zwischen Ehrgeizlingen, auch die Orientierung zur Partei hin wurde überdeutlich.*[11] Wie Kolonialwarenhändler Matzerath in der *Blechtrommel*, so richtete auch der Kolonialwarenhändler Grass sich ein: *Mein Vater ist der typische opportunistische Mitläufer gewesen. Der ist 1936 in die Partei eingetreten. Ich habe ihn dann hinterher mal gefragt, lange nach dem Krieg, und er sagte: Weil die Konkurrenz eintrat, habe sich das nahezu zwangsläufig ergeben, und er habe auch das Gefühl gehabt, in einer großen Zeit zu leben, da mußte man dabei sein.* Jenes Kapitel in der *Blechtrommel*, das vom Kampf um die polnische Post in Danzig handelt, dokumentiert nach Grass' eigener Aussage in der gefühlten Zustimmung zum völkischen Aufschwung *den einzigen Einbruch, den ich erlebt habe, weil es in meine Familie hineinreichte. Innerhalb der Verwandtschaft, die von meiner Mutter her kaschubisch war, war ein Onkel bei der polnischen Post, Postbeamter. Er verkehrte bei uns zu Hause wie auch andere Verwandte aus diesem Kreis. So kamen Mißklänge in die Familie ab 1938. Dieser Mann, der gar nichts Kriegerisches an sich hatte, tat am 1. September in der Post Dienst, gehörte zu den Verteidigern der Post, wurde in die Geschichte hineinverwoben und als Überlebender erschossen. Danach wurde der Kontakt zu den kaschubischen Verwandten eigentlich nur noch von meiner Mutter aufrechterhalten, und etwas, das vorher selbstverständlich war, war auf einmal etwas Anrüchiges.*

Der Kampf um die polnische Post in Danzig, das 1920 zur Freien Stadt erklärt worden war, fand statt am Tag der gewaltsamen Wiedereingliederung Danzigs ins Reich, dem 1. September 1939. Die Kaschuben, sagt das Lexikon, waren ein Volksstamm der Pomoranen zwischen Weichsel und Stolpe, nördlich der Tucheler Heide. Reste dieser ethnischen Gruppe haben sich bis in die neuere Zeit erhalten. Ihr slawischer Dialekt stimmt mit der polnischen Sprache nicht überein. Die Polen nannten die Angehörigen dieses Stammes Kaszuba (Pelzrock), wegen ihrer Tracht. *Das waren keine Reichsdeutschen, sie wurden, so hieß das in der Zeit nach 1939, eingestuft, bewarben sich darum, Volksdeutsche zu werden, wurden eingestuft in Volksgruppe 1 oder Volksgruppe 2 und 3, je nachdem, und das waren Dinge, die mich nachdenklich gemacht haben, verstört haben, aber ohne daß ich daraus ausreichende Schlüsse zog.*

Das tat Grass nach und nach erst ab 1945. Ein Junge in Danzig, der sah und hörte, aber auf lange hin noch nicht wusste, was das Gesehene und Gehörte bedeuteten, der mitging, mitlief wie die anderen, dabei allerdings aus einer *überzeugten nationalsozialistischen Position* gegen mancherlei opponierte, *angewidert von diesen NS-Bonzen, von den Goldfasanen, wie sie genannt wurden.* Auch das war nicht ungewöhnlich, war eher typisch für die idealistischen Hitlerjungen. Ebenso wie die fortdauernde Anhänglichkeit an den von den Nazis zunächst bekämpften, doch nach dem Konkordat einverleibten Kirchenglauben. *Mein Vater war Protestant, meine Mutter war katholisch und hat sich, wie das so oft ist, als der stärkere Teil durchgesetzt. Meine Schwester und ich, wir sind auf eine recht lockere Art katholisch aufgewachsen. Es bestand z. B. kein Zwang, jeden Sonntag zur Kirche zu gehen; meine Mutter sah das gern, aber sie machte*

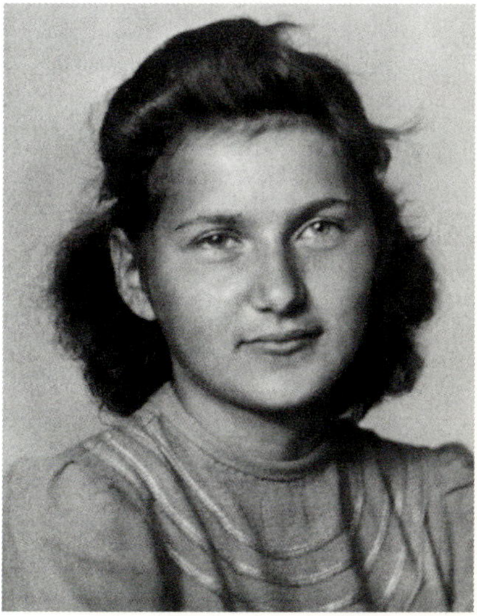

Die etwa sechzehnjährige Schwester Waltraut

das auch nicht jeden Sonntag. Und ich bin im katholischen Sinn gläubig gewesen bis zum 19. Lebensjahr, da fing es an abzubröckeln.

So ging das Leben weiter, im Krieg und immer tiefer in den Krieg hinein. Als siebzehnjähriger Panzersoldat ist Günter Grass durch das eben zerstörte Dresden zum Fronteinsatz im Sudetenland gerollt, hat die Berge geschrumpfter Leichen gesehen, *ohne das Ausmaß zu begreifen,* und bald dann auch die Erhängten überall. *Da gab's diesen berühmten Schörner-Befehl, daß jeder, der ohne Marschbefehl außerhalb seiner Einheit angetroffen wurde, sofort erhängt werden sollte. Und wo man hinkam – das ist für mich, neben zwei, drei anderen prägenden, bis heute bleibenden Erlebnissen das bleibende Bild: wo man hinkam, in jeder Ortschaft, in deren Hauptstraße nur Bäume standen, hingen zumeist ganz Alte, Volkssturmleute, oder mein Jahrgang, 16, 17 Jahre alt, 18 vielleicht, mit einem Schild «Ich bin ein Feigling». Das war der Schörner-Befehl. Ich habe die Figur des Schörner in «örtlich betäubt» nochmal aufgenommen. Und das andere ist, daß ich in diesen wenigen Wochen der sogenannten Feindberührung oder Fronterfahrung – es gab ja so ein richtiges Wortfeld für diese Art von Erfahrungen – die Angst kennengelernt habe – und schätzen. Sie kennen- und schätzengelernt habe und als eine Erfahrung hochhalte.*

Wie die weitaus meisten, vielleicht alle im Dritten Reich Aufgewachsenen ist Günter Grass, unbelehrt von Eltern und Schule, mit ein paar eher peripheren Vorbehalten mitgelaufen im Tross der großen finsteren Zeit. Wie hätte er, unter seinen Bedingungen, auch anders gekonnt. Wie nur sehr wenige besteht Grass bis heute darauf, dass dies eine Grundvoraussetzung seines Lebens, seiner Existenz bleibt. Keine Retuschen. Anders als die große Mehrheit war und ist er überzeugt, dass sich mit dieser Last nur leben ließ und lässt, wenn er sie sich bewusst machte als das, was sie ist. Alles andere konnte nur Entstellung, Verkrüppelung bedeuten. Günter Grass betont seine Abhängigkeit bis zum bitteren Ende, bis zum Kriegsende, das er – er hatte eine leichte Verletzung – in der Lazarettstadt Marienbad überlebte: *Ich bin dann zum erstenmal konfrontiert worden mit dem, wovon ich zwar wußte, daß es das gab: Konzentrationslager, und zwar durch Fotos von Bergen-Belsen. Und ich habe es nicht glauben wollen. Das war der Satz auch bei allen Gleichaltrigen, mit denen ich zusammen war: Das ist unmöglich, das können Deutsche nicht gemacht haben. Es brach alles mögliche zusammen.* Lange habe er versucht, so Grass, sich dieser Wirklichkeit zu verweigern, nach der Devise: *Das ist übertrieben, das ist Propaganda, das kann nicht stimmen.* Erst als Baldur von Schirach, der ehemalige Reichsjugendführer, während der Nürnberger Prozesse diese Verbrechen zugegeben habe in der Absicht, die Organisation Hitlerjugend aus der Kategorie verbrecherischer Vereinigungen herauszuhalten, erst als er selbst dies in Rundfunkübertragungen gehört habe, da habe er es, weil da einer der *eigenen Leute* sprach, geglaubt. *Das war für mich der zweite Einbruch und Zusammenbruch.*

Die Vorgeschichte des Schriftstellers

Danzig, die Heimatstadt, war zu dieser Zeit auch für Günter Grass unerreichbar geworden. Doch es ist nötig, noch einmal ins Danzig der Vorkriegs- und Kriegszeit zurückzublenden. In zwei Punkten nämlich hat schon der Schüler und Gymnasiast Günter Grass sich dennoch unterschieden von der großen Mehrheit der Gleichaltrigen, deren Sozialisation unter dem gar nicht als Zwang empfundenen Diktat des Nationalsozialismus Grass so bereitwillig als auch für ihn prägend, als unentrinnbares fait accompli auf sich nimmt – er unterschied sich als einer, der *von früh an gezeichnet und geschrieben* hat. Woher die frühesten Anregungen kamen für einen Jungen, der mit Eltern und Schwester in der Enge einer Zwei-Zimmer-Wohnung aufwuchs, ist kaum zu rekonstruieren. Anders steht es mit Anregungen, die der Schüler Grass im Alter von dreizehn, vierzehn Jahren aufgenommen hat.

Zu dieser Zeit, er hatte schon länger Gedichte verfasst, schrieb die HJ-Zeitschrift «Hilf mit» einen Wettbewerb aus, so erinnert sich Grass: *Jugend schreibt oder so ähnlich. Daraufhin habe ich einen Roman angefangen, der spielte im Mittelalter und hieß «Die Kaschuben». Er mischte alles mögliche. Meine kaschubischen Verwandten haben mich immer fasziniert, ja, geniert und fasziniert gleichzeitig. Es war etwas gleichzeitig Fremdes und Vertrautes, mit dem ich aufgewachsen bin. Ihre Mentalität, ihre Art, Realität zu erleben, hat mich fasziniert. Dieser Roman hatte leider den Fehler, daß am Ende des ersten Kapitels die Personen tot waren. Sie brachten sich, was völlig unkaschubisch war, alle um. Es widerstrebte mir, sie als Geister auftreten zu lassen, so blieb es bei dem einen Kapitel.*

Wichtiger wohl, auch schon folgenreicher waren erste äußere Anregungen in Sachen Kunst. Als Grass dreizehn, vierzehn Jahre alt war, also 1940/41, kamen dienstverpflichtete Lehrer ins Gymnasium. *Darunter war eine Zeichenlehrerin, die Bildhauerin von Beruf war und der dieses Unterrichten in Klassen, die an Zeichnen überhaupt kein Interesse hatten, wenig Spaß bereitete. Da hat sie sich auf die zwei, drei Schüler, die überhaupt in der Lage waren zu zeichnen, die auch Spaß daran hatten, konzentriert, darunter ich. Die anderen ließ sie Skat spielen. Und diese Lehrerin, die mir damals erwachsen vorkam – sie war 25 Jahre vielleicht –, hat mich mehrmals zu sich nach Hause eingeladen. Sie lebte in Zoppot. In ihrer Wohnung hingen ganz andere Bilder als bei mir zu Hause, und auf dem Rauchertischchen lagen Kataloge aus den zwanziger Jahren. Ich habe diese Lehrerin nach dem Krieg wiedergetroffen, und sie hat nicht ausgeschlossen – sie konnte sich nicht mehr so richtig daran erinnern –, ob sie das nicht absichtsvoll, aber doch vorsichtig gemacht hat, um mich mal auszuprobieren. Jedenfalls habe ich in diesen Katalogen geblättert und dort zum erstenmal bewußt Picasso-, Heckel-, Kirchner-, Barlach-Abbildungen gesehen. Das überzeugte mich nicht, aber es ließ mich auch nicht los. Es war ein regelrechter Einbruch in dem Bereich, der mich weit mehr als Jungvolk oder Hitlerjugend oder katholische Kirche interessierte, dem Bereich Kunst. Das wirkte nach. Es wirkte in dem Sinne nach, daß ich hier 1945 ein Vorwissen hatte, viel stärker als in der Literatur.*

Grass ist, so berichtet er, gierig allen Hinweisen auf Möglichkeiten der Kunst nachgegangen, gerade jenen, die er nicht, noch nicht begreifen konnte. Er hat sich, *ein eifriger Leser der Stadtbibliothek*, in Künstler-Monographien vertieft. Und er hat gezeichnet, nach der Natur und Phantastisches, Mythologisches, Gespenstisches. *Erschreckend in dem Zusammenhang ist, daß ich gern so Typen auf der Straße skizziert habe, und dazu gehör-*

ten auch Ostarbeiter. Ich erinnere mich, daß ich zwei oder drei Federzeichnungen von denen gemacht habe. Sie kamen manchmal durch die Straßen und bettelten um Brot. Manchmal standen sie auch nur so an den Ecken. Und die habe ich mit dem frühen kalten künstlerischen Interesse am bizarren Motiv gezeichnet. Ich kann mich jedenfalls nicht erinnern, daß irgendein Moment des Mitleids oder der sozialen Anklage eine Rolle spielte. Nichts dergleichen. Dienst als Luftwaffenhelfer, Arbeitsdienst, Kriegseinsatz, Lazarett, Kriegsgefangenschaft – Günter Grass stellt fest: *Ich habe immer gezeichnet.* Und immer hat Grass geschrieben, Gedichte meistens, trotz des nach seinen eigenen Worten 1945 literarisch noch weit geringeren Vorwissens als in Sachen Kunst.

Aus dem Krieg und der Gefangenschaft entlassen, blieb ihm, der nicht wusste, wo seine Eltern waren, wie so vielen anderen nichts übrig, als umherzuziehen, auf der Suche nach irgendetwas, nach Essbarem vor allem, denn wie damals fast allen anderen Deutschen blieb ihm von der großen Zeit nur sein Hunger. Mit einem *Kumpel*, den er aus der Gefangenschaft kannte, arbeitete er eine Zeit lang bei Bauern, ging dann ins Saarland, *da wurde am meisten gehungert*, machte in Göttingen den Versuch, wieder zur Schule zu gehen. *Zwei Unterrichtsstunden habe ich mitgemacht; eine Lateinstunde, und die war, wie Latein ist, die zweite war eine Geschichtsstunde. Der Geschichtslehrer kam rein, ein kleiner, drahtiger Mann, ging in der Klasse zweimal auf und ab und sagte: «Wo waren wir stehengeblieben? Bei der Emser Depesche.» Und das war für mich ein ungeheuerlicher Satz, denn als für mich mit Fünfzehn der Schulunterricht aufgehört hatte, war das auch Bismarcks Emser Depesche gewesen. Ich bin aufgestanden und rausgegangen. Ein Kumpel, den ich auf dem Bahnhof in Göttingen kennenlernte, gab mir dann Ratschläge, wo es Schwerstarbeitermarken gab, wenn man eine Arbeit suchte. Das war ziemlich in der Nähe, zwischen Hildesheim und Hannover. In dem Raum bin ich dann in den Kalibergbau gegangen. Ich habe etwa ein Jahr als Koppeljunge gearbeitet, auf der 850-m-Sohle zumeist.*

Dies Jahr im Kalibergbau hat seine literarischen Folgen gehabt, in den *Hundejahren*, hauptsächlich im monumentalphantastischen Schlusskapitel des Romans; doch zunächst brachte es Grass zwei Erfahrungen, die sich zu einem weiteren Grund- und Schlüsselerlebnis addierten: seine ersten Begegnungen mit der Sozialdemokratie. *In der Zeit habe ich in dem völlig zerbombten Hannover Schumacher sprechen hören mit einer schreienden, überschrillen Stimme, die mich erschreckte und in Opposition brachte, aber mit Überzeugungen, denen ich zustimmte. Ich war hin- und hergerissen von dem Mann. Er hatte die Stimme der Politiker der zwanziger und dreißiger Jahre. Damals haben ja nicht nur die Nazis, es haben alle geschrien. Hinzu kam ein Erlebnis unten auf der 850-m-Sohle. Da gab's oft Stromsperren, man konnte nichts fördern, man saß da mit den Karbidlampen, stundenlang, und dann fingen die älteren Arbeiter an zu diskutieren und zu streiten. Und ich erlebte in gedrängter Form einen Nachhilfe-Unterricht über die Weimarer Republik, weil sofort die Fronten da waren: Nazis, Kommunisten, Sozialdemokraten. Ich erlebte immer wieder, daß sich, wenn*

Kurt Schumacher spricht, 1947

es hart auf hart ging, die Nazis mit den Kommunisten gegen die Sozialdemokraten verbündeten. Ich habe da gar nicht Partei ergreifen können. Es war erstmal ein Grunderlebnis.

Die Arbeit im Kalibergwerk hat Grass aufgegeben, als er aus Listen des Roten Kreuzes, die beim Bürgermeister in einem nahen Dorf ausgehängt worden waren – *überall, wo man war, war das eigentlich der Lebensmittelpunkt, überall standen Menschen und gingen diesen Listen nach und suchten jemanden* –, als er aus diesen Listen erfuhr, dass Eltern und Schwester aus Danzig heraus und nahe Köln auf dem Land bei einem Großbauern als Flüchtlinge eingewiesen worden waren. Anfang Dezember 1946, *kurz vor Einbruch dieses schrecklichen Winters 46/47*, hat Grass die Familie wieder gesehen, unter erbärmlichen Umständen: *Die waren, wie das Flüchtlingen damals so ging, in der Futterküche untergebracht und wie der letzte Dreck angesehen – katholische Großbauern!* Bis dahin hatte er, in Gedanken an die Eltern und ihre zu befürchtende Frage, warum er die Schule nicht weitergemacht habe, trotz der Arbeit als Koppeljunge im Kalibergwerk versucht, noch zu lernen. Eine Lehrerin hatte ihm Schulbücher verschafft, und so hatte er meist *ein lateinisches Vokabelbuch und sowas* bei sich, um keine Zeit zu vergeuden. Jetzt, bei den Eltern, fasste er seinen Entschluss: *Ich werde Bildhauer.* Das brachte Streit. Sein Vater dachte vor allem an etwas Sicherheit und wollte Grass in dem Braunkohlenbergwerk, in dem er Arbeit gefunden hatte, als Bürolehrling unterbringen. Grass hielt es nicht aus: *Ich bin, glaube ich, vierzehn Tage oder drei Wochen zuhause gewesen, da brach der Winter schon ein. Ich sehe mich noch auf dem Weg zur nächsten Bahnstation, vielleicht fünf Kilometer, völlig im Schnee versinken. Man konnte sich nur an den Telegraphenstangen orientieren. Dann bin ich nach Düsseldorf gefahren. Ich hatte in irgendeiner Zeitung gelesen, daß die Düsseldorfer Kunstakademie demnächst wieder aufmache. Ich dachte, sie sei schon offen. Und da habe ich mich dann durchgefragt, in Düsseldorf fuhr keine Straßenbahn, nichts, das war alles erstorben in Kälte. Ich kam dann auch zu dem Kunstakademie-Bau, der war leer, zur Hälfte war er sowieso zerstört. Da traf ich dann einen alten Mann mit Künstlerschlapphut, wie sich später herausstellte: Profes-*

sor Enseling, und dem sagte ich auf die Frage, was ich suche, ich möchte Bildhauer werden. Da sagte er: «Wir haben geschlossen wegen Kohlenmangel. Aber gehen Sie mal hier raus und dann zweimal rechts, da ist das Arbeitsamt, und da lassen Sie sich – wie alt sind Sie? Neunzehn? – eine Praktikantenstelle geben als Steinmetz und Steinbildhauer. Und wenn Sie damit fertig sind in zwei Jahren, da kommen Sie wieder her, da haben wir auch wieder Kohle.»

Auch diese Auskünfte, sie sind eher zeittypisch, als dass sie auf den ganz individuellen Heroismus eines zielbewussten werdenden Künstlers schließen lassen. Schon hatte in den Ruinen der deutschen Städte mit Re-Education, Theatereröffnungen, Zeitschriftengründungen, fast wunderbarer Vermehrung der jungen Dichter, Schriftsteller, Künstler die Zeit der kulturellen Euphorie begonnen, die fast so bezeichnend ist für die frühen Nachkriegsjahre, wie es der Hunger war, und zu einem guten Teil gewiss eine Folgeerscheinung dieses Hungers. Es war eine absonderliche, sicher krankhaft gestörte Zeit, von der dann später immer wieder mit Emphase erzählt worden ist, deren hektischer, widersprüchlicher Elan mit der Währungsreform im Jahre 1948 zusammenbrach, deren Wunschvorstellung, die deutsche Schuldenlast durch Erinnerung an die große deutsche Kultur und ihre Erneuerung, wenn nicht aufzuwiegen, so doch zu mildern, dennoch aber viele Jahre hin nachwirkte, mit erfreulichen Resultaten.

Wie so viele, die unbekannt geblieben oder längst vergessen sind, trug auch Günter Grass jene Wunschvorstellung mit in seinem Entschluss, Bildhauer zu werden, was es auch koste. Er lief also zunächst noch immer mit im breiten Strom. Dass er unvergleichlich viel mehr Entfaltungsmöglichkeiten und längeren Atem hatte als die meisten, konnte nicht einmal er selbst wissen. Aber er spürte, wie wichtig seine Lust am Zeichnen und Schreiben gerade jetzt für ihn war. Zurückkommend auf das Eingeständnis seines Reichsjugendführers, die Deutschen hätten tatsächlich die KZ-Verbrechen begangen, auf den Zusammenbruch seines eigenen missbrauchten Idealismus hat Grass gesagt: *Der Abfall in ein nahezu zynisches Verhalten und in Verachtung allen Erwachsenen gegenüber war kaum noch zu über-*

bieten. Wenn ich nicht meine Interessen gehabt hätte, Kunst, weiß ich nicht, was aus mir geworden wäre, wahrscheinlich ein Anpasser aus Zynismus wie viele meiner Generation. Und es hat einige Zeit gedauert, um mit neuen Einflüssen eine Haltung zu gewinnen, die ohne Idealismus auskam und dennoch nicht zynisch war.

Gleich beim ersten Grabsteingeschäft, es lag am Stommeler Friedhof, ist Grass geblieben. Der Steinmetzmeister verschaffte ihm eine Schlafstelle im katholischen Caritas-Heim in Düsseldorf-Rath, in dem Lehrlinge, Studenten und alte Leute untergebracht waren. Bis 1951 hat Grass in dem Heim gewohnt, meistens mit zehn Leuten in einem Raum. Dann erst hat er sich ein erstes eigenes Zimmer leisten können – es war ein leeres Badezimmer. Bis heute belastet ihn die Erinnerung an ein Leben ohne jede Möglichkeit, allein zu sein. *Ich bin zu Hause in einer Zwei-Zimmer-Wohnung aufgewachsen. Ich habe also nie ein eigenes Zimmer gehabt. Und vom fünfzehnten Lebensjahr an in Baracken, bis hin zur Gefangenschaft, auch als ich im Kalibergwerk arbeitete, alles immer mit mehreren Personen in einem Raum. Und das setzte sich fort. Mein alter Wunsch, den ich mir auch erfüllt habe, möglichst viele Arbeitsräume ganz für mich alleine zu haben, hatte da wohl eine gewisse Berechtigung.* Im Winter 1946/47 allerdings musste Grass froh sein, überhaupt ein Dach über dem Kopf zu haben. *Jedenfalls gab das die Möglichkeit, die Steinmetzlehre zu machen, die Steinbildhauerlehre, und danach war ich natürlich im Plus, ich konnte arbeiten im Stein.* Und das Leben im Caritas-Heim hatte seine guten Seiten: *Ich habe sehr viele Zeichnungen gemacht, ich hatte ja Modelle. Die alten Leute im Altersheim saßen gern, sie fanden das sehr schön, es brachte Abwechslung. Es kam auch noch hinzu, daß ein Pater Stanislaus, der die Lehrlinge beaufsichtigte, mein Interesse für Literatur entdeckte und mich aus der Kloster-Bibliothek mit allem möglichen von Trakl bis Baudelaire bekannt gemacht hat, immer in der Hoffnung, daß ich zum Glauben zurückkehre. Den Gefallen habe ich ihm leider nicht tun können. Aber ich habe ihm eine Menge zu verdanken. Auch dem Prior – das waren alles Franziskaner –, mit dem habe ich noch über Jahre hinweg Briefwechsel gehabt.* Auch für diese Jahre gilt: *Ich habe immer geschrieben. Sehr viele Gedichte, eigentlich nur Gedichte. Sie waren den wech-*

selnden Einflüssen unterworfen, von Trakl bis Apollinaire. Dann wurde 1948 die Düsseldorfer Kunst-Akademie wieder eröffnet: *Ich war zuerst in der Anfängerklasse bei dem konservativen Bildhauer Sepp Mages, bei dem ich auch kopieren mußte, aber handwerklich 'ne Menge lernte. Mit dem bekam ich dann Krach, mir wurde das zu eng. Aber ich muß sagen, daß er mir fairerweise geholfen hat, zu einem Lehrer zu wechseln, der mir lag, das war Otto Pankok. Pankok war kein guter Lehrer, aber er war eine Person, hatte eine Ausstrahlung und hat dadurch viel mehr vermittelt, als wenn er ein guter Lehrer gewesen wäre im herkömmlichen Sinn. Bis Ende 52 war ich in Düsseldorf. Es ging mir dann alles zu rasch mit dem Wirtschaftswunder. Ich suchte auch einen neuen Lehrer und glaubte, den in Karl Hartung gefunden zu haben, der saß in Berlin. Am 1. Januar 53 bin ich nach Berlin gegangen, und in Berlin habe ich dann, weiterschreibend, meinen Ton gefunden. Alle Gedichte, die 55 in meinem ersten Buch erschienen, sind in Berlin entstanden.*

In diesen Jahren geschah mit Günter Grass jedoch noch mehr. *Im Frühjahr und Sommer 1952 machte ich eine Autostopreise*

Die Lehrer: Otto Pankok ...

kreuz und quer durch Frankreich. Ich lebte von nichts, zeichnete auf Packpapier und schrieb ununterbrochen: Sprache hatte mich als Durchfall erwischt. Neben (ich glaube) reichlich epigonalen Gesängen über den entschlafenen Steuermann Palinurus entstand ein langes und auswucherndes Gedicht, in dem Oskar Matzerath, bevor er so hieß, als Säulenheiliger auftrat.[12] Es sei nicht besonders geglückt gewesen, dieses lange Gedicht, und habe sich ihm nur in Bruchstücken erhalten, erinnert sich Grass, *die allenfalls zeigen, wie stark ich gleichzeitig von Trakl und Apollinaire, von Ringelnatz und Rilke, von miserablen Lorca-Übersetzungen beeinflußt gewesen bin.*

... und
Karl Hartung

Der Vierundzwanzigjährige in Italien

Interessant alleine blieb die Suche nach einer entrückten Perspektive: der überhöhte Standpunkt des Säulenheiligen war zu statisch. Erst die dreijährige Größe des Oskar Matzerath bot gleichzeitig Mobilität und Distanz. Wenn man will, ist Oskar Matzerath ein umgepolter Säulenheiliger. Und weiteres geschah: *Noch im Spätsommer des gleichen Jahres, als ich mich, aus Südfrankreich kommend, über die Schweiz in Richtung Düsseldorf bewegte, traf ich nicht nur zum erstenmal Anna, sondern wurde auch, durch bloße Anschauung, der Säulenheilige abgesetzt. Bei banaler Gelegenheit, nachmittags, sah ich zwischen Kaffee trinkenden Erwachsenen einen dreijährigen Jungen, dem eine Blechtrommel anhing. Mir fiel auf und blieb bewußt: die selbstvergessene Verlorenheit des Dreijährigen an sein Instrument, auch wie er gleichzeitig die Erwachsenenwelt (nachmittäglich plaudernde Kaffeetrinker) ignorierte. Gute drei Jahre lang blieb diese «Findung» verschüttet. Ich zog von Düsseldorf nach Berlin um, wechselte den Bildhauerlehrer, traf Anna wieder, heiratete im Jahr drauf, holte meine Schwester, die sich verrannt hatte, aus einem katholischen Kloster, zeichnete und modellierte vogelartige Gebilde, Heuschrecken und filigrane Hühner, verunglückte an einem ersten längeren Prosaversuch, der «Die Schranke» hieß und dem Kafka das Muster, die Frühexpressionisten den Metaphernaufwand geliehen hatten, schrieb dann erst, weil weniger angestrengt, die ersten lockeren Gelegenheitsgedichte, zeichnend geprüfte Gebilde, die vom Autor Abstand nahmen und jene Selbständigkeit gewannen, die Veröffentlichung erlaubt: «Die Vorzüge der Windhühner», mein erstes Buch.*

Mitte der fünfziger Jahre

Zu dieser Zeit, Grass war 27 Jahre alt, strebt der Wiederaufbau unaufhaltsam dem Wirtschaftswunder entgegen, die Wiederbewaffnung der Bundesrepublik steht unmittelbar bevor, Adenauer reist zum Staatsbesuch nach Moskau, die Bundesrepublik und die UdSSR tauschen Botschafter aus, die Hallstein-Doktrin wird in Kraft gesetzt, der Schah von Persien besucht mit der bewunderten Kaiserin Soraya Bonn – kurz: Die Ära Adenauer ist auf der Hochebene ihres Erfolgs bereits angelangt. Die Dichter und Schriftsteller im Land allerdings, auch die jungen unter ihnen, haben mitten in jenem Jahrzehnt der deutschen Nachkriegsliteratur, in dem vor allem die Lyrik florierte, vorerst andere Probleme. 1955 erscheint in Heft 3 der «Akzente – Zeitschrift für Dichtung», die eben in ihrem zweiten Jahrgang ist, das Gedicht *Lilien aus Schlaf* von Günter Grass, die erste Veröffentlichung eines unbekannten jungen Autors. Das Gedicht beginnt mit den Zeilen: *Zwischen den Lilien aus Schlaf / Müht sich des Wachenden Schritt* ... Unter der Rubrik «Lyrikpreis des Süddeutschen Rundfunks» ist es in den «Akzenten» nach je einem Gedicht von Christine Busta und Wieland Schmied als drittes zu lesen.

Günter Grass erinnert sich: *Meine Schwester und Anna, meine erste Frau, hatten mehr aus Jux mit meiner Zustimmung ein paar Gedichte an den Süddeutschen Rundfunk geschickt, der einen Lyrik-Wettbewerb ausgeschrieben hatte, und ich bekam den dritten Preis.*[13] Doch dieser dritte Preis – *150 DM, Hin- und Rückflug Berlin–Stuttgart, wobei der Flug teurer war als der Preis*[14] – hatte für Grass noch andere Folgen. Einer der Juroren war Mitglied der Gruppe 47 und machte Hans Werner Richter, dessen Interesse

1953
in
Berlin

für unbekannte junge Talente immer leicht zu wecken war, auf Grass aufmerksam. Grass hat die weiteren Konsequenzen seiner *mehr aus Jux* angezettelten Teilnahme an diesem Wettbewerb so zusammengefasst: *Als ich zurückkam, fand ich eine Einladung der Gruppe 47 vor, die genau zu diesem Zeitpunkt in Berlin tagte. Ich kam mitten in die Tagung hinein und las dort einige Gedichte vor; diese fanden gute Aufnahme, erregten Interesse. Ich war auf einmal umringt von Verlegern, die mir diese Gedichte aus der Hand rissen und mir «Suhrkamp», «Fischer» und sonst was ins Ohr flüsterten. Ich dachte, das Goldene Zeitalter werde nun anbrechen. Von all diesen Leuten habe ich hinterher nichts mehr gehört. Aber sechs Wochen später meldete sich ein Herr Dr. Frank, Lektor beim Luchterhand Verlag, und sagte, er sei damals auch dabei gewesen, habe auch gedrängelt, die andern seien aber viel breitschultriger gewesen. Er wolle nur einmal nachfragen, ob sich da mittlerweile bei mir was mit Fischer oder Suhrkamp ergeben hätte. Als ich dies verneinte, begann meine Zusammenarbeit mit dem Luchterhand Verlag: Ein Lyrik-Band mit der Möglichkeit, auch Zeichnungen einzubauen. Von diesem Gedichtband, der 1956 herauskam, sind bis 59, als die Blechtrommel erschien, etwas über 700 Exemplare verkauft worden.*[15]

Ein erster Erfolg, doch auch schon Enttäuschungen, insgesamt allerdings belanglos, bedenkt man, was sich aus der Ein-

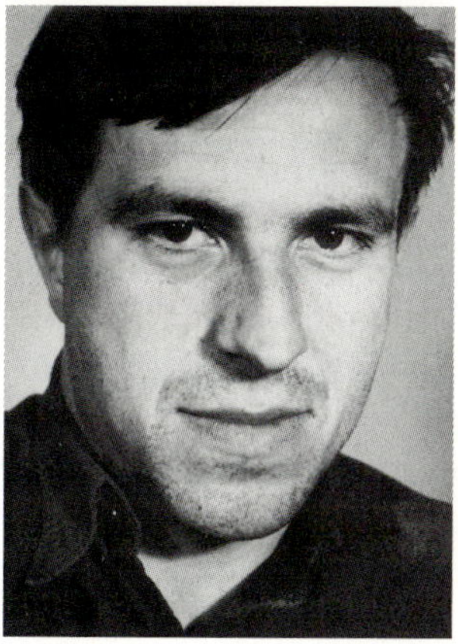

sendung einiger Gedichte *mehr aus Jux* für Grass ergeben hat. Da war ja nicht nur der kleine dritte Preis. Über Nacht wurde Grass auch anerkanntes Mitglied der Gruppe 47, die auf dem besten Weg war, zum Motor der Literaturszene zu werden. Die von Hans Bender und Walter Höllerer herausgegebene Zeitschrift «Akzente», die ein Jahr nach ihrer Gründung schon zur repräsentativen Literaturzeitschrift der Bundesrepublik geworden war, stand ihm jetzt offen, und schon im sechsten Heft des Jahrgangs 1955 erschienen weitere Gedichte von Günter Grass und sein Prosastück *Meine grüne Wiese*, in dem weit in die Zukunft des Grass'schen Werkes vorausweisende Zeilen zu lesen waren: *Bei einem Autorennen, mein Freund war schuld, daß ich es sah, fiel es mir auf, wie wenig wir von der Schnelligkeit der Schnecke verstehen. Unsere Augen wissen es nicht, können diesen glatten Leib, der durch die Zeit rast, nicht begreifen, so fallen wir zurück und immer wieder überrundet uns die Schnecke. Fast möchte ich sagen, doch ohne als Prophet zu gelten, die Schnecke hält ihre Fühler in ein kommendes Jahrhundert.*

Schließlich drittens: Günter Grass hatte seinen Verlag gefunden. So rasch ging das damals, manchmal. Allerdings brauchte es gerade damals erhebliche Geduld, sollte es bei verheißungsvollen Ansätzen nicht bleiben; 700 Stück eines Gedichtbandes in drei Jahren zu verkaufen, das bedeutet ja wahrhaftig Schneckentempo.

Grass hat es offenbar nicht beunruhigt. Noch war er Meisterschüler bei Karl Hartung in Berlin. Die Absicht, Bildhauer zu werden, verflüchtigte sich allerdings langsam. Nicht die Lust am Zeichnen – Zeichnung und Gedicht waren in den Entwürfen des jungen Autors schon in eine Beziehung zueinander geraten, in eine Spannung wechselseitiger Stimulation, die konstitutiv werden und bleiben sollte für seine Art und Weise des Hervorbringens, für die eigenwillige, haptische Gegenständlichkeit seiner Zeichnungen und Texte. Sie artikulierte sich zu dieser Zeit des Anfangs in einer spielerischen, suchenden, fast sanften, fast verträumten Bildlichkeit, in der allerdings immer auch schon ein Element Misstrauen spürbar ist.

Johannes Bobrowski, einer der wenigen Rezensenten des Gedichtbandes *Die Vorzüge der Windhühner*, entdeckte darin «kunstgewerbliche Neigungen» [16], und die waren, solange man mehr von Grass nicht kannte als diese Gedichte, nicht ganz auszuschließen. Zu Bildern, zu vorgestellten Figuren geworden, fungierten die Dinge im Gedicht als Subjekte und Objekte zugleich – Schuhe im Schrank fürchten sich vor einem Käfer, Regen fällt ins Spagat, der erste Frost zählt Rüben. Eine imaginäre, offene Dimension, ein Bildraum entsteht, eine surrealistisch akzentuierte Idylle, in der sich der Dichter behutsam und verwundert bewegt, die ihn beglückt, in der er jedoch auch Schreckliches wittert.

Grass hat in seinem ersten Gedichtband mit kräftigen und weichen Strichen eine schöne, doch nicht gefahrlose Bilderbuchwelt entworfen und in trockenen Farben ausgemalt, und sie ist schon deshalb nicht kunstgewerblich, weil ihre Eigenart als sinnlich fassliche und dennoch entrückte Bilderbuch- und Wunschwelt aus allerdings realen Versatzstücken nicht einen Augenblick lang in Vergessenheit gerät. Der sie sich erdenkt, erdichtet, ahnt oder weiß sogar, dass er jederzeit aus ihr herausfallen kann. Und wo befindet er sich dann? Dennoch, er liebt sie, die Vorzüge der Windhühner, die er aufzählt, er liebt die Windhühner: *Weil sie kaum Platz einnehmen / auf ihrer Stan-*

ge aus Zugluft / und nicht nach meinen zahmen Stühlen picken. / Weil sie die harten Traumrinden nicht verschmähen. Er liebt die Windhühner: *Weil sie die Tür offen lassen, / der Schlüssel die Allegorie bleibt, / die dann und wann kräht.*

Überdeutlich in den frühen Arbeiten von Günter Grass ist, dass die Bildphantasie des Zeichners und des Poeten identisch ist, dass Zeichnung wie Gedicht sie in Spannung zueinander spiegeln. Auch die Köche, Nonnen, Vogelscheuchen, die dann bald in den Vordergrund rücken, bestätigen in der Folge, was schon die Windhühner so deutlich zeigen: Greifbar Dingliches wird in den Bildern empfänglich fürs Surreale, sogar das Absurde, dann das Groteske und das Phantastische, und dies alles weist sich aus als ein Aspekt der Realität selbst. Zunächst aber herrscht die gefährdete Idylle vor, sie ist für den Dichter, so scheint es, geradezu lebensnotwendig in dieser Zeit.

Die Ambivalenzen seiner Bilderwelt hat Grass Mitte der fünfziger Jahre einfallsreich in immer anderen Konstellationen durchgespielt. Und nicht nur die Gedichte, auch die damals entstandenen kleinen Stücke, eine Reihe von Ein- und Zweiaktern, Vorspielen und Balletten, sie haben ganz unmittelbar teil an ihr. Es sind offene, auf Bewegungen innerhalb bestimmter Tableaus setzende, absurde Spiele – poetisch-absurdes Theater, das nach und nach über die Rotation innerhalb der Materialien, die vor allem sich selbst bedeuten, hinausdrängt, zur Demonstration von etwas, zu einer Aussage.

Von den frühen Stücken seien genannt: *Beritten hin und zurück, Noch zehn Minuten bis Buffalo, Hochwasser, Fünf Köche, Onkel Onkel, 32 Zähne* und *Die bösen Köche.* Zwischen 1954 und 1961, als *Die bösen Köche* dann in der Werkstatt des Berliner Schiller-Theaters uraufgeführt wurden, sind sie entstanden. Und sicher ist, dass sie – auch die späteren – jener lyrisch-autonomen Bilderwelt zuzuordnen sind, in der Günter Grass erstmals als Autor zu sich selbst gefunden hat. Doch er blieb unruhig, unzufrieden. Es fehlte noch etwas, das sich im Rückblick sicher leicht bezeichnen lässt, doch damals erst noch entdeckt, gefunden werden wollte.

Von meinen Talenten her, hat Günter Grass gesagt, *von meinen*

Anlagen her, in einem andern Volk, einem andern Sprachgebiet geboren, ohne die Belastungen und unheilbaren Brüche, wäre das alles bei mir in eine sehr artistische Richtung gelaufen, spielerisch artistisch.[17] Wie in dem Einakter *Noch zehn Minuten bis Buffalo* zum Beispiel, in dem zwei Männer auf einer verrotteten, unbeweglichen Lokomotive in grüner Landschaft mit vielen Kühen als Lokomotivführer und Heizer Dampf machen, während ein Maler vor diesem Motiv mit viel Blau ausgerechnet ein Schiff, eine Fregatte malt. Und dann stellt sich heraus, dass die beiden Männer vor einer Fregatte – *kräftiges Frauenzimmer in Admiralsuniform, mit einer Fregatte als Kopfbedeckung*[18] – auf der Flucht sind, die sie dann auch schon eingeholt hat.

Die Artistik eines solchen Spiels, solcher Spiele, die ihn schon Mitte der fünfziger Jahre – es sei noch einmal wiederholt – auf unbestimmte Art unbefriedigt ließ, hat Günter Grass dann keineswegs einfach überwunden, abgestreift, hinter sich gelassen. Diese Artistik war nicht nur Höhepunkt und Abschluss seiner literarischen Inkubationszeit, nach der etwas anderes, das eigentliche Werk einsetzt. Als Grass sich damals bewusst die *Aufgabe* stellte: *Jetzt also raus aus den Dingen, die mir Spaß machten und die mir auch von der Hand gingen, so Stücke wie «Onkel Onkel» und Gedichte im Stil der Windhühner*[19], als er sich diese Aufgabe stellte, spekulierte er nicht auf einen Bruch mit all dem, was ihm gerade eben von Tag zu Tag erst geglückt war. Grass hat auch gesagt: *Das wollte ich gern weitermachen, aber am konkreten Thema jetzt.* Der junge Zeichner und Poet, er fühlte sich noch immer in einer Art Quarantäne, und aus ihr wollte er ausbrechen. Die spielerisch artistische Bilderwelt mit ihren vielen reizvollen und überraschenden Findungen jedoch, sie blieb zugleich virulent, trug und stimulierte weiter die Produktion. Wer den 1986 erschienenen Roman *Die Rättin* liest, für den ist noch immer nicht ganz unwichtig, dass Grass schon in dem frühen Stück *Hochwasser* zwei Ratten, Strich und Perle, Hauptrollen zugeschrieben hat. Wenn auch auf anderer Ebene beziehen sich noch Schnecke, Butt und Rättin auf die Windhühner und Vogelscheuchen.

Halb unbewusst, unbegriffen, zeichnet sich also mit dem

ersten öffentlichen Auftreten, das Günter Grass sogleich den Beifall jedenfalls einer größeren Zahl von Kennern brachte, auch schon ein Wendepunkt ab. Es hat Sinn, an dieser Stelle noch einmal die beiden ersten Zeilen seiner allerersten Veröffentlichung, des Gedichts *Lilien aus Schlaf zu* zitieren: *Zwischen den Lilien aus Schlaf / Müht sich des Wachenden Schritt* – es ist mühsam, heißt das, den Schlaf hinter sich zu lassen, ganz wach zu sein. Das lässt sich ohne Gewaltsamkeit übertragen: Es war mühsam, sich aufzuraffen aus dem Schlaf der Restauration, aus dem damals schon ein ganzes Jahrzehnt dominierenden unbestimmten Gefühl, Wiederherstellung sei alles, obwohl der Wiederaufbau schon angelangt war bei der Wiederbewaffnung, während allerdings die Wiedervereinigung, ständig beschworen, in immer weitere Ferne rückte. Wiederherstellung und die immer überlegenere Variation der modernen literarischen Standards, ihre Fortentwicklung in den Literaturen fremder Sprachen eingeschlossen – das waren ohne Zweifel noch immer die Konstanten der deutschen Nachkriegsliteratur. Als er das Gefühl hatte, sie in durchaus fortschrittlicher Souveränität zu beherrschen, setzte Günter Grass alles daran, über sie hinauszugelangen. Er war einer der Ersten, für seine Generation zweifellos der Erste.

Was er schon damals als *ganz starke Verführung* und als Gefahr empfand, das stellte sich Grass zunächst vor allem in der Malerei dar: die *Flucht ins Gegenstandslose* als Ausdruck einer *Verdrängung, die ja nicht nur im Politischen stattfand, sondern insgesamt, bis in die Künste hinein*[20].

Um Klarheit zu gewinnen, schrieb Grass einen seiner ersten Essays unter dem Titel *Der Inhalt als Widerstand*, in dem der für die fünfziger Jahre bezeichnende Streit um Form und Inhalt, der so hingegeben für Form als Inhalt optierte, ironisch ad absurdum geführt ist: *Wenn Künstlers Hand eine Zeitlang gesucht hat, doch leer blieb oder Gefundenem nicht geschickt genug war, schimpft Künstlers Mund über Inhalte, und Künstlers Kopf erinnert sich ureigenster, formaler Fähigkeiten und Qualitäten. «Es kommt nicht auf das Was an, nur auf das Wie. Der Inhalt stört nur, ist Konzession, fürs Publikum, die Kunst will die Form an sich, die Kunst ist zeitlos, muß Raum und Zeit überwinden, hat schon überwunden, nur die im Osten, die machen noch auf sozialen Realismus. Wir aber (inhaltsfeindliche Künstler reden meistens in der Mehrzahl) sind uns selbst voraus, der Flug unserer Ideen sprengt tagtäglich und von berufswegen alle lästigen Formate.» – Was kann man nicht alles machen, wenn man Phantasie hat. Neue Perspektiven, Konstellationen, Strukturen, Aspekte, Akzente; und alles noch nie dagewesen. Die Maler entdecken die Fläche (als hätte Raffael Löcher in die Leinwand gebohrt), die Lyriker verweisen auf ihr Unterbewußtsein und träumen, wenn auch literarisch ergiebig, nicht ohne Angst, selbst in diesem Metaphereldorado zum Epigonen werden zu können oder, was noch schlimmer wäre, von epigonalen Traum- und Unterbewußtseinsräubern ausgeplündert zu werden. – Unterdessen liegen die Inhalte, ihrer selbst überdrüssig, nach wie vor auf der Straße und schämen sich ihres Inhaltes.*[21]

Für sich selbst hatte Grass die Entscheidung getroffen: *beim Gegenständlichen bleiben, nicht das aus meiner Sicht Leichtere machen*[22]. Diese Entscheidung hatte Konsequenzen: *Mein Lehrer Karl Hartung hat mich im letzten Jahr des Studiums aufgefordert – es sollte eine Auszeichnung sein –, ein paar großformatige Bleistiftzeichnungen zum Künstlerbund einzuschicken. Die wurden alle ausjuriert. Nicht weil es schlechte Zeichnungen waren. Es wurde mir auch gesagt, sie seien ausgezeichnet, aber leider gegenständlich.* Der Gründe ist Grass sicher: *Das entsprach der Zeit. Nicht daß diese Künstler damit jetzt Adenauer unterstützen wollten, aber sie trugen zu einem geistigen Klima bei, in dem das Gegenstandslose opportun war, im Politischen wie im Künstlerischen.* Und in Grass' Augen trugen zum Klima entsprechend bei die vorgetäuschte Realität des sozialistischen Realismus, eine verlogene Natur- und Traumlyrik und die Laborlyrik jener Jahre.

«Zwischen den Verdrängungsstilentwicklungen wurde der Raum immer enger. Was das Zeichnen betraf, aber beim Schreiben natürlich noch viel mehr, hieß das, mit allem formalen Können und all der formalen Lust auf sperrige und verdrängte Wirklichkeiten, auf meine Wirklichkeit, meine eigene Wirklichkeit zurückzugehen und auszubuddeln, auszugraben, und dafür gerüstet zu sein, auch mit Wissen. Anders geht es nicht.»

Günter Grass im Gespräch

Ein junger Zeichner und Poet auf dem Sprung, Mitte der fünfziger Jahre. Wohin der Sprung ihn bringen würde, war nicht abzusehen. Zunächst einmal fasste Grass einen eher äußerlichen Entschluss: *Ich hörte dann bei der Hochschule für bildende Künste in Berlin auf und ging mit Anna, meiner Frau, die Ballettänzerin war, Anfang 1956 nach Paris. Sie wollte die Ballettausbildung weiterführen, und ich wollte ein dickes Buch schreiben. Dort blieb ich bis 1960.*

Die Danziger Trilogie

Ein Blechtrommler wird gezeugt

Sie kamen *mittellos, aber unbekümmert* an.[23] Es war, vielleicht, wie ein Aufbruch in jenes Paris, in das etwa dreißig Jahre früher von Hemingway bis Henry Miller so viele amerikanische Künstler und Schriftsteller der lost generation gezogen waren; die romantischen Erinnerungen hieran wurden inzwischen ja auch in der Bundesrepublik gern gelesen und in Filmen bestaunt. Es war sicherlich ein Aufbruch in die Stadt von Jean-Paul Sartre und Albert Camus. Denn Grass hatte schon Jahre vorher *blindlings, wildlings durcheinander gelesen*[24], was französische Autoren beitrugen zur Diskussion über die Lage der Menschen nach dem Weltkrieg. *Die Auseinandersetzungen zwischen Camus und Sartre sind für mich prägend gewesen, mit einer Parteinahme für Camus.*[25]

Albert Camus

Vor allem jedoch: Paris. *In der Nähe vom Place Pigalle fand Anna in Madame Nora eine gestrenge russische Ballettmutter; ich begann, noch während ich an dem Theaterstück «Die bösen Köche» feilte, mit der ersten Niederschrift eines Romans, der wechselnde Arbeitstitel trug: «Oskar der Trommler», «Der Trommler», «Die Blechtrommel». Und hier genau sperrt sich meine Erinnerung. Zwar weiß ich, daß ich mehrere Pläne, den gesamten epischen Stoff raffend, grafisch entworfen und mit Stichworten gefüllt habe, doch diese Pläne hoben sich auf und wurden, bei fortschreitender Arbeit,*

In Paris

entwertet. Doch auch die Manuskripte der ersten und zweiten Fassung, schließlich der dritten, fütterten jenen Heizungsofen in meinem Arbeitsraum, von dem noch die Rede sein wird.[26] Sehr bequem hatten es junge, bis dahin nur Insidern bekannte, mittellose Autoren in Paris auch damals nicht: *Viel genauer als an Schreibvorgänge erinnere ich mich an meinen Arbeitsraum: ein feuchtes Loch zu ebener Erde, das mir als Atelier für angefangene, doch, seit Beginn der Blechtrommelniederschrift, bröckelnde Bildhauerarbeiten diente. Gleichzeitig war mein Arbeitsraum Heizkeller unserer darüber liegenden winzigen Zwei-Zimmer-Wohnung. In den Schreibvorgang war meine Tätigkeit als Heizer verzahnt. Sobald die Manuskriptarbeit ins Stocken geriet, ging ich aus einem Kellerverschlag des Vorderhauses mit zwei Eimern Koks holen. In meinem Arbeitsraum roch es nach Mauerschwamm und anheimelnd gasig. Rinnende Wände hielten meine Vorstellung in Fluß. Die Feuchte des Raumes mag Oskar Matzeraths Witz gefördert haben. […] Und dennoch muß ich während der gleichen Zeit kräftig gelebt, fürsorglich gekocht und aus Freude an Annas Tanzbeinen bei jeder sich bietenden Gelegenheit getanzt haben, denn im September 1957 – ich steckte inmitten der zweiten Niederschrift – wurden unsere Zwillingssöhne Franz und Raoul geboren. Kein Schreib-, nur ein finanzielles Problem. Schließlich lebten wir von genau eingeteilten 300,– DM im Monat, die ich wie nebenbei verdiente.*[27] Es sei auch eine Erinnerung des Autors daran mitgeteilt, wie er damals sein Geld verdiente: *Wenn* er *zurückkam in die Bundesrepublik, um Geld zu besorgen. […] Ich kam dann mit Autostop von Paris, fing in Köln zumeist an beim Westdeutschen Rundfunk und klapperte die Sender ab, wie früher die Troubadoure von Dorf zu Dorf gingen. In jeder Rundfunkanstalt gab es jemand, der Nachtprogramm machte. In Köln den nannten wir Kunsthonig, ein liebenswerter Mann, der sagte: «Um Gottes willen, ich habe alles voll. Gut, machen wir eine Konserve.» Da habe ich dann Gedichte gelesen. Dann bekam man einen Laufzettel, ging runter zur Kasse, und dann klapperte es und dann kam das Geld raus. Heute geht das alles per Computer. […] Diese herrliche Art, Lyrik zu lesen gegen Bargeld. Wir waren ja sowieso alle in der Einkommensstufe weit unter dem, wo die Steuer überhaupt Interesse haben könnte. So lief das.*[28]

Seiner selbst, seines großen Projekts sicher war Grass lange Zeit keineswegs. Um Wirklichkeit ging es ihm, um seine Wirklichkeit, und das hieß: um Kindheit und Jugend in Danzig zur Zeit der Weimarer Republik, um die Welt der Nazis, um Weltkrieg und Nachkrieg. *Ich mußte das sehen und mußte was dagegensetzen. Sonst hätte ich damit nicht leben können.* Günter Grass nahm den Rat, wo er sich ihm bot. *Sich diesen Themen stellen, hieß nachholen, sich bilden, sich kundig machen. Nicht bilden im Sinne von Bildungsideal, sondern: sich kundig machen. Noch in den Anfängen der «Blechtrommel» habe ich das Glück gehabt, in Paris Paul Celan kennenzulernen. Jemand, der Auschwitz überlebt hat, der daran zerbrochen ist. Paul Celan, älter als ich, hatte ein Rundumwissen. Wir hatten, so fremd wir einander sein mußten, so verschieden wir waren, ein Faible füreinander. Und ich verdanke Paul Celan sehr viel an literarischen Hinweisen. Er hat mich mit Rabelais bekanntgemacht, gleich mit der besten Übersetzung, und er sah meiner Arbeit an der «Blechtrommel» von Anfang an zu mit freundschaftlich kollegialem Interesse und einem Gespür dafür, daß ich das Richtige gefunden hatte. Ein hilfreicher Schriftstellerkollege war auch Paul Schallück. Auf meinem Weg nach Paris – Anna war schon da – unterbrach ich in Köln und besuchte ihn. Ich schwankte damals noch, ob ich nicht in Richtung Lyrik, Zeichnen, in diesem Zwischenbereich und in erster Linie artistisch weiterarbeiten sollte. Aber dieses Prosavorhaben lag schon skizziert vor, ich erzählte Schallück davon, und er sagte: Du mußt das schreiben, Dir muß der Knopf aufgehen. Du brauchst – er kannte mich von Lesungen her – bei soviel instinktsicherem Gefühl für Form sperrige Inhalte, die alles, was Du kannst, was Du auf Anhieb kannst, infragestellen.*

Paul Celan

Ans Gegenständliche herangehen, sich kundig machen, sich aussetzen, ausbuddeln und ausgraben, noch einmal hineintauchen, selbst, als Subjekt hineintauchen in die Geröllmasse miterlebter, noch immer unbegriffener Vergangenheit, bewusst hineintauchen in eine Welt, in der so viele Einzelne und er selbst ohne Bewusstsein mitgelebt hatten, und es schien in ihr nicht alles schlecht und falsch gewesen zu sein – darauf ließ Grass sich ein, als er Anfang 1956 nach Paris ging. Es bedeutete schwere Arbeit. Noch immer war Grass ein Anfänger, ein sehr junger Autor, dessen Talente zwar schon anerkannt waren, dessen Zukunft aber in hohem Maße ungesichert blieb. Und seine Risikobereitschaft, sie hat zweifellos mit den fünfziger Jahren zu tun, die auch für Günter Grass zum Gründerjahrzehnt, die auch sein persönliches Gründerjahrzehnt geworden sind.

Günter Grass stemmte sich gegen den in diesen Jahren vorherrschenden way of life und hat doch zugleich mit und in ihm gelebt. Er hat gegen das Leben in einer Quarantäne, das vor allem dank der Weigerung funktionierte, in den Schlund der Vergangenheit zurückzublicken, mit aller Kraft aufbegehrt. Aber das war nicht sein einziger Antrieb, wenn auch der primäre, entscheidende. Im Rückblick nennt er selbst als wichtigsten *Motor* den *Zorn*, den Zorn über die Verdrängung, die falschen Dämonisierungen, die aufkeimende wirtschaftswunderliche neue Selbstgewissheit. *Hitler als Dämon und das deutsche Volk verführt – diese These ist falsch, abgrundtief verlogen und falsch, und wirkt doch bis heute nach in Formulierungen wie, es seien im Namen der Deutschen Verbrechen begangen worden. Mir kam es darauf an zu zeigen, daß alles am hellichten Tag geschehen ist.* Doch dafür, so risikobereit aufs Ganze zu gehen, gab es für Grass auch noch sekundäre Gründe. *Ich hatte wirtschaftlich nichts im Hintergrund, heiratete 1954 Anna Schwarz, eine Schweizerin mit schweizerisch-großbürgerlich bescheidenem, betont bescheidenem Herkommen. Eine liberale, offene Familie, die mich, obgleich ich nichts am Rock hatte, akzeptierte, tolerierte, vielleicht in der Erwartung, na ja, wir werden sie wohl durchschleppen müssen. Und das erregte mein kleinbürgerliches Selbstbewußtsein … Ich wollte selbständig sein der Familie gegenüber, in die ich hineingeheiratet hatte. Das ist kleinbürgerlich, ganz gewiß, und dazu stehe ich auch. Und das ist mit ein Antrieb gewesen, neben dem Zornesantrieb, neben dem existentiellen Antrieb.*

Noch ein Drittes kam hinzu: der Verlust der Heimat. *Ich wußte, daß das weg ist: Danzig. Da war ein Vakuum. Eine Unruhe und ein Ahnen: das wird mir fehlen. Bei mir war sehr früh die politi-*

sche Erkenntnis da, daß das auf begründete Art und Weise verloren ist durch deutsche Schuld. Das ist im 20. Jahrhundert preisgegeben worden durch eine verbrecherische Politik, die getragen wurde von den Deutschen. Aber damit, daß das alles geographisch und politisch verloren war, war nicht gesagt, daß es ganz und gar weg sein mußte. Das war auch ein Antrieb, mir zumindest literarisch, mir schreibend das wiederherzustellen, was verloren war.

Ein Bündel von Antrieben also, die sich wechselseitig verstärkten. Sie hielten Grass an, etwas von sich zu fordern, etwas zu versuchen, von dem es in der Literatur der zweiten Hälfte der fünfziger Jahre kaum Spuren gab. Wirklichkeit, insbesondere die jüngste zeitgeschichtliche Wirklichkeit der Nazi-, Kriegs- und Nachkriegszeit war damals zwar nicht völlig ausgeblendet, doch sie blieb verschleiert. Sicher ist die Impulsivität, mit der Grass bis heute gegen die Form- und Spielverliebtheit und die Gegenstandslosigkeit der Künste in jener und in späterer Zeit als Erscheinungen eines *Verdrängungsstils* opponiert, auch ein Signal dafür, dass er eigene Neigungen zu bekämpfen hatte, und sicher wird sie Erscheinungen wie der damals aufkommenden konkreten Poesie nicht gerecht. Doch an ihrer verschleiernden Wirkung ist kaum zu deuteln.

Es ist gewiss keine Anekdotenhascherei, wenn Grass vermeldet, die ersten drei Fassungen der bald in Millionen von Exemplaren von den Lesern verschlungenen *Blechtrommel* hätten schließlich den Heizungsofen in seinem Arbeitsraum gefüttert. Es war ein außerordentlicher, ein gewaltiger Kraftaufwand nötig, um sich fordernd über den fest etablierten Zeitgeist der fünfziger Jahre hinwegzusetzen. Wer immer sie noch bewusst mitgelebt hat, die späten fünfziger Jahre, also vergleichen kann zwischen diesem Roman und den Neuerscheinungen, wie sie damals die Regel waren, kann sich ein Bild machen von den Mühen, die erforderlich waren, um des Stoffes, dem Grass sich konfrontierte, Herr zu werden. Nicht etwas vielseitig schon Vorbereitetes und Zugerichtetes wartete auf Vollendung – eine Pionierleistung war nötig. Und es ist unmittelbar plausibel, wenn Grass mitteilt, er sei an die Sache erst richtig herangekommen, als er endlich den richtigen ersten Satz des Romans gefunden habe. *Mit dem ersten Satz: «Zugegeben: ich bin Insasse einer Heil- und Pflegeanstalt ...» fiel die Sperre, drängte Sprache, liefen Erinnerungsvermögen und Fantasie, spielerische Lust und Detailobsession an langer Leine, ergab sich Kapitel aus Kapitel, hüpfte ich, wo Löcher den Fluß der Erzählung hemmten, kam mir Geschichte mit lokalen Angeboten entgegen, sprangen Döschen und gaben Gerüche frei, legte ich mir eine wildwuchernde Familie zu, stritt ich mit Oskar Matzerath und seinem Anhang um Straßenbahnen und deren Linienführung, um gleichzeitige Vorgänge und den absurden Zwang der Chronologie, um Oskars Berechtigung in erster oder dritter Person zu berichten, um seinen Anspruch, einen Sohn zeugen zu wollen, um seine wirklichen Verschuldungen und um seine fingierte Schuld.*[29]

Zugegeben: ich bin Insasse einer Heil- und Pflegeanstalt – weshalb, ist inzwischen zu fragen, konnte dieser Satz für Grass die Wirkung einer all seine widerspenstigen Ansätze koordinierenden Initialzündung haben? Weil er Oskar Matzerath, den umgepolten Säulenheiligen, den zähen Dreikäsehoch, das Erzähler-Ich der *Blechtrommel* zur Zeit der Niederschrift seiner Memoiren, und das ist Anfang der fünfziger Jahre, in eine isolierte, herausgehobene, sogar überlegene Position versetzt, die seiner persönlichen Einzigartigkeit wie keine andere entspricht und zugleich auch noch etwas eigenartig Repräsentatives hat, denn es deutet sich der passende Aufenthaltsort an für alle und für all das, wofür Oskar trotz seiner Einzigartigkeit steht. Dieser heldenmäßige Gnom, dieser in seinen Ansätzen stecken gebliebene Mensch, der hochmögende Wechselbalg, der gewiefte Kretin, das Monstrum – einerseits radikaler Individualist, steht er andererseits für eine ganze Generation, die auch noch nicht zur Menschlichkeit herangewachsen ist und sich gewissermaßen insgesamt des Aufenthalts in einer Art umfassender Heil- und Pflegeanstalt erfreut.

Als Insasse einer Heil- und Pflegeanstalt genießt Oskar besonderen Schutz, kann er sich erlöst fühlen von aller Verantwortung, braucht er sich fürs Erste keine Sorgen zu machen um seine Zukunft, vor der er sich – sie ist zum Bild geworden als *Schwarze Köchin* – erst ganz am Ende der Geschichte plötzlich ängstigt. Oskar Matzerath, der auch jetzt sogar noch über eine Blechtrommel verfügt, liebt und genießt seinen geschützten Zustand, und auch das ist auf eine verquere Art zeittypisch. Der da so viele Jahre lang unveränderlich dahingelebt hat als dreijähriger Gnom und Glaszersinger, aber am Grab seines mutmaßlichen, gegen Kriegsende beim Eindringen der Russen in Danzig unter seiner, Oskars, nachdrücklicher Beihilfe an seinem Parteiabzeichen erstickten Vaters Matzerath beschloss, doch noch zu wachsen, und es seither auf eine Körpergröße von einem Meter und dreiundzwanzig Zentimetern gebracht hat – Oskar liebt hingebungsvoll und ängstlich sein Bett in der Anstalt, dieses *vollkommenste Bett*, von dem es auch heißt, *mein Bett ist das endlich erreichte Ziel, mein Trost ist es und könnte mein Glaube werden, wenn mir die Anstaltsleitung erlaubte, einige Änderungen vorzunehmen: das Bettgitter möchte ich erhöhen lassen, damit mir niemand zu nahe tritt.*[30]

Eine Fülle von nie ganz eindeutigen Anspielungen vom ersten Satz an, die allesamt die Leser, aber auch Autor Grass selbst, provozierend einbeziehen. Und es ist auch so einmalig gar nicht, dass Oskar die Sicherheit, die das Bett und die Anstalt ihm geben, nutzen will, Rechenschaft abzulegen, seine Geschichte aufzuschreiben, und zwar noch immer unter Zuhilfenahme seiner Trommel, mit der sich ihm die Vergangenheit von Fall zu Fall deutlicher *beschwören*[31] lässt. Es war dies eine in den fünfziger Jahren von den Helden der vergangenen finsteren Zeit durchaus geschätzte Tätigkeit. Pfleger Bruno hat für Oskar *fünfhundert Blatt unschuldiges Papier*[32] erwor-

«Was sich als Amoklauf einer aberwitzigen Imagination ausnimmt, wenn man den Inhalt seines Romans an den Fingern herzählt, das wird in seinem Mund nicht nur glaubwürdig: es leuchtet derart ein, daß sich kein Zweifel mehr regt. Dieser Autor verbeißt sich, wie sein Held, in die ‹verdammten Flecken› der Wirklichkeit dergestalt, daß seine phantastische Fiktion den Geist des Ungefähren aufgibt, daß noch die Obsession zur unwiderlegbaren Evidenz wird. Was ein so beschaffener Realismus leistet, zeigt sich beispielsweise an der zeitgeschichtlichen Grundierung des Romans. Ich kenne keine epische Darstellung des Hitlerregimes, die sich an Prägnanz und Triftigkeit mit der vergleichen ließe, welche Grass, gleichsam nebenbei und ohne das mindeste antifaschistische Aufheben zu machen, in der *Blechtrommel* liefert.»

Hans Magnus Enzensberger,
Süddeutscher Rundfunk
am 18. November 1959

Berlin 1960 bis 1963: Karlsbader Straße 16

ben. Dies zur Hand, stellt sich Oskar, bereit, ihm die *Unschuld* zu nehmen, die klassische Frage: *Wie fange ich an?* [33] Was ihn veranlasst, eine seither ebenfalls klassisch gewordene Antwort niederzuschreiben: *Man kann eine Geschichte in der Mitte beginnen und vorwärts wie rückwärts kühn ausschreitend Verwirrung anstiften. Man kann sich modern geben, alle Zeiten, Entfernungen weg-*

streichen und hinterher verkünden oder verkünden lassen, man habe endlich und in letzter Stunde das Raum-Zeit-Problem gelöst. Man kann auch ganz zu Anfang behaupten, es sei heutzutage unmöglich einen Roman zu schreiben, dann aber, sozusagen hinter dem eigenen Rücken, einen kräftigen Knüller hinlegen, um schließlich als letztmöglicher Romanschreiber dazustehn. Auch habe ich mir sagen lassen, daß es sich gut und bescheiden ausnimmt, wenn man anfangs beteuert: Es gibt keine Romanhelden mehr, weil es keine Individualisten mehr gibt, weil die Individualität verloren gegangen, weil der Mensch einsam, jeder Mensch gleich einsam, ohne Recht auf individuelle Einsamkeit ist und eine namen- und heldenlose einsame Masse bildet. Das mag alles so sein und seine Richtigkeit haben. Für mich, Oskar, und meinen Pfleger Bruno möchte ich jedoch feststellen: Wir beide sind Helden, ganz verschiedene Helden, er hinter dem Guckloch, ich vor dem Guckloch; und wenn er die Tür aufmacht, sind wir beide, bei aller Freundschaft und Einsamkeit, noch immer keine namen- und heldenlose Masse. Ich beginne weit vor mir; denn niemand sollte sein Leben beschreiben, der nicht die Geduld aufbringt, vor dem Datieren der eigenen Existenz wenigstens der Hälfte seiner Großeltern zu gedenken.

Eine Absage an die umlaufenden Modernismen, ein Bekenntnis zu den altbekannten Grundsätzen des Erzählens. Oskar lässt dem sogleich eine der meist bewunderten Passagen der *Blechtrommel* folgen, die bewegende Geschichte von der Zeugung seiner Mutter Agnes am Kartoffelkrautfeuer *im Herzen der Kaschubei*[34], wo Großmutter Anna Bronski im fernen Jahr neunundneunzig den flüchtigen Brandstifter Joseph Koljaiczek unter ihre vier Röcke genommen hat, nur um dem gehetzten Mann – *klein und breit* mit *schwarzem Schnauz*[35] – Zuflucht vor den ihn verfolgenden Feldgendarmen zu gewähren. Und auch in dieser Lage bewährt sich Koljaiczek als Brandstifter. Was aber bedeutet die Absage, was besagt das Bekenntnis? Von Eindeutigkeit kann auch hier nicht die Rede sein. Auch im Roman kommt es ja darauf an, wer es ist, der da etwas sagt, wer es ist, der etwas niederschreibt. Und nicht der Verfasser Günter Grass, sondern dessen Held und Icherzähler, der Blechtrommler Oskar teilt da seine Grundsätze, das Erzählen betreffend, der Öffentlichkeit mit. Wie weit immer Grass mit ihnen über-

Mit Klaus Roehler, damals sein Lektor,
und Günter Herburger

einstimmt: Es ist Oskar der Däumling, der Gnom, der Kretin, der sich, inzwischen nur wenig gewachsen und darüber ein bisschen verwachsen, zu diesen Grundsätzen bekennt und selbst zum Helden ernennt. Das stellt diese Grundsätze in Frage, wie gern ihnen Grass auch immer folgt, wie weit auch immer er sich mit Oskar identifiziert.

Oskar der Blechtrommler erzählt, ordentlich der Reihe nach, seine Geschichte, und fängt dabei, Laurence Sternes Tristram Shandy übertrumpfend, nicht bei seiner eigenen, sondern der Zeugung seiner Mutter an. Wohlgemerkt: seiner Mutter. Wie sein Vater gezeugt wurde, ist ihm völlig gleichgültig. Er hält nicht viel auf Väter, hat vielmehr seine Zweifel, ob ihre Ansprüche überhaupt jemals standhalten. Oskar anerkennt nur mutmaßliche Väter, weil er weiß, dass seine Mama zuerst in ihren Cousin Jan Bronski verliebt war, dann den gebürtigen

Rheinländer Alfred Matzerath geheiratet hat, um sogleich ihre Liebschaft mit Jan Bronski fortzusetzen. Weil er weiß, dass er selbst als sechzehnjähriger Dreijähriger seinem mutmaßlichen Vater Alfred Matzerath bei Maria, Oskars erster Liebe und seiner nachmaligen Stiefmutter, möglicherweise zuvorgekommen und sein Halbbruder Kurt also sein eigener mutmaßlicher Sohn ist.

Oskar erzählt und erzählt, und eines ist von vornherein klar: So unmissverständlich er auch ein Repräsentant seines in sich deformierten und deshalb bald dezimierten Jahrgangs 1924 ist, hat er sich doch, seit er an seinem dritten Geburtstag eine Blechtrommel als Geschenk erhielt, wie Mutter Agnes es bei der Geburt versprochen hatte, so konsequent zum Künstler entwickelt, dass er zwar mitschuldig wurde, aber sich zu keiner Zeit und in keiner Hinsicht etwas vormachen ließ, es sei denn, er selbst wünschte es. *Ich gehörte zu den hellhörigen Säug-*

Mit Uwe Johnson, Wolfgang Neuß
und Hans Magnus Enzensberger

lingen, deren geistige Entwicklung schon bei der Geburt abgeschlossen ist und sich fortan nur noch bestätigen muß.[36] Hellhörig ist Oskar, der Bildung gar nicht erst nötig hat, und scharfäugig, und seine selbst gewählte Größe, sie wirkt fast wie eine Tarnkappe, verschafft ihm unauffällig Zutritt, wo immer er es wünscht: unterm Tisch mit oben Skat spielenden, unten unerlaubt füßelnden Erwachsenen, unter den Tribünen bei Nazi-Kundgebungen, die er mit seiner Blechtrommel und *Jimmy the Tiger* sprengt, ohne in sich *nun einen Widerstandskämpfer zu sehen*[37], auch in der Frauenabteilung der Badeanstalt und schließlich in einigen Betten. Und während er liebevoll Krankenschwestern bewundert, legt er sich ein *weltumfassendes Halbwissen*[38] zu mit Hilfe von *Ein Kampf um Rom, Kaisers Geschichte der Stadt Danzig* und *Köhlers Flottenkalender*[39], aber auch einem *reichbebilderten Band: Rasputin und die Frauen*[40] und einem Band Goethe, aus welchen Büchern Oskar sich ein spezielles Rasputin-Goethe-Doppelwerk für den fortgesetzten Gebrauch kompiliert.

Mit Blechtrommel und Halbwissen und der mit Vorsicht, doch sehr effektiv angewendeten Fähigkeit, Glas zu zersingen, ist der als andauernd Dreijähriger getarnte Oskar gewappnet gegen die finsteren Zeiten, in die seine Generation hineintreibt, die ihm gleichwohl ihren Stempel aufdrücken und deren Produkt er gleichwohl ist. Mit der Blechtrommel im Anstaltsbett ist er, demnächst 30 Jahre alt, bereit und willens, auf unschuldig weißem Papier seine Geschichte festzuhalten, seine Schuld und seine Angst einzugestehen.

Sie ist ein Wurf, diese lebensvolle Kunstfigur, ein großer Wurf. Simplizissimus und Gargantua und auch der permanente Held des deutschen Erziehungs- und Bildungsromans in der Gestalt eines Gnoms, auf die alle Größe längst heruntergekommen war, ein neuer Inbegriff des Menschen, wie er überlebt in grausigen Zeiten, in dessen Bosheit, List und Liebe diese Zeiten sich spiegeln. Und immer wieder entwischt Oskar. Auf einen Begriff lässt er sich nicht bringen, dazu ist er als groteske Kunstfigur viel zu vital, viel zu unberechenbar, viel zu gewieft und einfallsreich. So zieht er unbesiegbar durch Vorkriegs-,

Kriegs- und Nachkriegszeiten, durch eine monströs korrumpierte Welt, in der die Menschen nichts anderes wollen, als überleben und leben.

«Ein Erziehungs- und Bildungsroman besonderer Prägung, dazu ein höchst kunstvoll komponiertes Meisterwerk, was das Handwerkliche betrifft, ein historischer Roman, der wohl dereinst zusammen mit dem *Wilhelm Meister*, dem *Grünen Heinrich* und mit Döblins *Berlin Alexanderplatz* als Prototyp des großen Romans genannt werden wird. Dabei keineswegs modernistisch, keinerlei Stilmätzchen, keine Rückblenden oder andere ‹Maschen› heutiger Erzähler. Scheinbar ohne jedes Vorbild, aus sich selbst gezeugt, parthenogenetisch entstanden, wie Joyce und Kafka, überwältigend und außerordentlich offenbart sich hier das spontane Naturtalent eines großartigen Erzählers.»

Walter Widmer, «Basler Nachrichten» vom 18. Dezember 1959

Es war einmal ein Blechtrommler, der hieß Oskar. Als man ihm den Spielzeughändler nahm und des Spielzeughändlers Laden verwüstete, ahnte er, daß sich gnomhaften Blechtrommlern, wie er einer war, Notzeiten ankündigten. So klaubte er sich beim Verlassen des Ladens eine heile und zwei weniger beschädigte Trommeln aus den Trümmern, verließ so behängt die Zeughauspassage, um auf dem Kohlenmarkt seinen Vater zu suchen, der womöglich ihn suchte. Draußen war später Novembervormittag. Neben dem Stadttheater, nahe der Straßenbahnhaltestelle standen religiöse Frauen und frierende häßliche Mädchen, die fromme Hefte austeilten, Geld in Büchsen sammelten und zwischen zwei Stangen ein Transparent zeigten, dessen Aufschrift den ersten Korintherbrief, dreizehntes Kapitel zitierte. «Glaube-Hoffnung-Liebe» konnte Oskar lesen und mit den drei Wörtchen umgehen wie ein Jongleur mit Flaschen: Leichtgläubig, Hoffmannstropfen, Liebesperlen, Gutehoffnungshütte, Liebfrauenmilch, Gläubigerversammlung. Glaubst du, daß es morgen regnen wird? Ein ganzes leichtgläubiges Volk glaubte an den Weihnachtsmann. Aber der Weihnachtsmann war in Wirklichkeit der Gasmann. Ich glaube, daß es nach Nüssen riecht und nach Mandeln. Aber es roch nach Gas. Jetzt haben wir bald, glaube ich, den ersten Advent, hieß es. Und der erste, zweite bis vierte Advent wurden aufgedreht, wie man Gashähne aufdreht, damit es glaubwürdig nach Nüssen und Mandeln roch, damit alle Nußknacker getrost glauben konnten:

Er kommt! Er kommt! Wer kam denn? Das Christkindchen, der Heiland? Oder kam der himmlische Gasmann mit der Gasuhr unter dem Arm, die immer ticktick macht? Und er sagte: Ich bin der Heiland dieser Welt, ohne mich könnt ihr nicht kochen [...]. [41]

Pornograph, Lästerer, Nihilist

Es ist an der Zeit, die Perspektive zu wechseln. Das lässt sich vielleicht am besten bewerkstelligen durch das Zitat einiger Sätze, die im Roman eine Seite vor der obigen, ganz offensichtlich mit schrecklichen Dingen bösen Scherz treibenden Passage folgendermaßen lauten: *Es war einmal ein Kolonialwarenhändler, der schloß an einem Novembertag sein Geschäft, weil in der Stadt etwas los war, nahm seinen Sohn Oskar bei der Hand und fuhr mit der Straßenbahn Linie Fünf bis zum Langgasser Tor, weil dort wie in Zoppot und Langfuhr die Synagoge brannte. Die Synagoge war fast abgebrannt, und die Feuerwehr paßte auf, daß der Brand nicht auf die anderen Häuser übergriff. Vor der Ruine schleppten Uniformierte und Zivilisten Bücher, sakrale Gebrauchsgegenstände und merkwürdige Stoffe zusammen. Der Berg wurde in Brand ge-*

Danzig: Wiederaufbau der Altstadt ...

steckt, und der Kolonialwarenhändler benutzte die Gelegenheit und wärmte seine Finger und seine Gefühle über dem öffentlichen Feuer. Sein Sohn Oskar jedoch, der den Vater so beschäftigt und entflammt sah, verdrückte sich unbeobachtet und eilte in Richtung Zeughauspassage davon, weil er um seine Trommeln aus weiß-rot gelacktem Blech besorgt war.[42]

So geschieht es in der *Blechtrommel* am Morgen nach den antijüdischen Ausschreitungen der «Reichskristallnacht», am helllichten Tag. Fast liest man darüber hinweg. Der ehrsame, sogar großherzige, den kleinen Oskar treu schützende Kolonialwarenhändler und SA-Mann Alfred Matzerath, ein guter Kerl, er *wärmte seine Finger und seine Gefühle über dem öffentlichen Feuer,* das angezündet war zum Auftakt des Massenmords. Oskar macht's nicht viel anders. Ihn treibt's, weil er Angst um den Nachschub hat, zum Spielzeughändler Sigismund Markus, der hoffnungslos seine Mutter Agnes liebte und verlässlich neue Blechtrommeln bereithielt für Oskars reichlichen Verbrauch. Der Jude Markus aber hat sich umgebracht, ehe auch sein Laden aufgebrochen worden ist. Oskar versorgt sich

... am Langgasser Tor

– auch er ein Plünderer? – aus den Trümmern mit Ersatz-Trommeln. Durch die Stimme des sich viel später erinnernden Oskar aber bricht unverkennbar die Stimme des Autors selbst hervor in der Litanei, mit der dieses Kapitel und der erste Teil des Romans klagend enden, wenn es dort unter anderem heißt: *Es war einmal ein Spielzeughändler, der hieß Markus und nahm mit sich alles Spielzeug aus dieser Welt.*[43]

In einer Kritik aus dem Jahre 1960, erschienen in der Zeitschrift «Unser Danzig», hieß es: «Die Danziger sind nicht besser und schlechter als andere Menschen. So sind sie aber nicht gewesen.» Und weiter: «So kann sie nur jemand darstellen, der wahrhaft Nihilist ist.»[44] Ein solcher Einwand richtete sich damals eher unbewusst wohl nicht zuletzt gegen die Art und Weise, wie zum Beispiel im angedeuteten Zusammenhang ganz beiläufig dem ehrsamen Kolonialwarenhändler Matzerath der Boden unter den Füßen weggezogen ist: Gefühlvoll und ganz ohne Sorge um seine Menschlichkeit zeigt er sich einverstanden mit Brandstiftung und Raub.

Was nach Erscheinen des Romans *Die Blechtrommel* vielstimmig als Nihilismus des Verfassers beklagt wurde, es ließ und lässt sich gewiss bequemer und dramatischer darstellen anhand seiner ebenfalls viel beklagten Neigung zu vermeintlicher Pornographie, vermeintlicher Gotteslästerung. Davon wird noch zu berichten sein. Hinter all diesen Anschuldigungen aber steckte wohl vor allem die Empfindlichkeit gegenüber der unverblümten Genauigkeit, die Günter Grass in der *Blechtrommel* angesichts des weithin immer noch als normal angesehenen Lebens und Verhaltens der Mehrheit im Dritten Reich praktizierte, des alltäglichen kleinbürgerlichen Lebens der vielen, die in den fünfziger Jahren als unbeteiligt am schrecklichen Geschehen, als schuldfrei galten, obwohl sie fast alle irgendwann so einverständig gehandelt oder nicht gehandelt hatten wie Kolonialwarenhändler Matzerath bei der Brandschatzung der Synagoge. Kretin Oskar treibt unterdes, seine Tarnkappe nutzend, die Methoden des unschuldigen Mitmachens, des einverständigen Am-Rande-Stehens mehrfach verräterisch auf die Spitze, so als er Jan Bronski zur Teil-

Berlin seit 1963: Niedstraße 13

nahme am Kampf um die polnische Post verleitet und ihn nach der Niederlage sogleich verrät und kaltherzig, wenn auch pochenden Gewissens umbringen lässt; oder als er, sich selbst zu Jesus erhebend, gegen Kriegsende mit der Stäuberbande, einer Bande junger Aufrührer ebenso verfährt; oder als er Vater Matzerath an seinem Parteiabzeichen ersticken lässt.

War es das Böse? *Es war das Böse.*[45] Oskar hat dessen provozierende Macht schon erkannt, als er die glasbrechende Kraft seiner Stimme an allerlei Schaufensterscheiben erprobte: *Manch solid elegante Dame, manch braver Onkel, manch ältliches, im Religiösen frischbleibendes Fräulein hätte niemals in sich die Diebesnatur erkannt, wenn nicht deine Stimme zum Diebstahl verführt hätte, obendrein Bürger gewandelt hätte, die zuvor in jedem kleinen und ungeschickten Langfinger einen verdammenswerten und gefährlichen Halunken sahen.*[46] Es hatte eben auch das Böse, das

Oskar tat, ganz selten einmal sein Gutes. *Nachdem ich ihm Abend für Abend aufgelauert und er mir dreimal den Diebstahl verweigert hatte, ehe er zugriff und zum nie von der Polizei entdeckten Dieb wurde, soll Dr. Erwin Scholtis, Staatsanwalt und am Oberlandesgericht gefürchteter Ankläger, ein milder, nachsichtiger und im Urteil beinahe menschlicher Jurist geworden sein, weil er mir, dem kleinen Halbgott der Diebe, opferte und einen Rasierpinsel, echt Dachshaar, raubte.*[47]

Gar nicht das eindeutig Böse – etwas vieldeutig, undurchsichtig und abstrus Böses lag in der Luft der Jahre, aus denen Grass in der *Blechtrommel*, dann auch in der Novelle *Katz und Maus* und dem Roman *Hundejahre* erzählt hat. Deshalb ließ es sich nachher so lange verheimlichen. Grass machte es sichtbar, greifbar, indem er, die traditionsreichen Muster des Schelmen- und des Bildungsromans auf den Kopf stellend, rücksichtslos trennende Lauge in alle Ritzen sickern ließ. Schockiert und fasziniert zugleich entdeckte die Öffentlichkeit Ende der fünfziger Jahre, wie seit eh und je, Amoralität weniger in dem, was sich da bloßlegte, als bei dem, der es offenkundig machte.

Wie Grass damals als Tabuzertrümmerer apostrophiert wurde, das ließ oft genug vor allem einen noch immer blinden Glauben an die Unverzichtbarkeit von Tabus spüren. Seine noch in der grotesken Pointierung wirklichkeitsnahe Darstellung sexuellen Verhaltens in regredierender Kleinbürgerwelt, die es mit Bedürfnissen, Verdrängungen und tatsächlichen Praktiken gleicherweise genau nimmt, wurde als Pornographie begriffen, die Staatsanwälten zu tun gab. Die völlig plausibel, doch ohne jede Beschönigung nachgemalte Neigung zu absonderlichen Identifikationen in der mystisch-gemütlichen Aura katholischer Kleinbürgerlichkeit, im katholischen Mief, wo man es mit den Glaubensinhalten nicht so streng nimmt, wenn nur geglaubt wird, sie wirkte als Blasphemie.

Auch für Jan Bronski zersingt Oskar eine Schaufensterscheibe: *Der Gesang vor dem Juwelierladen, der Jan Bronski zum Dieb, meine Mama zur Besitzerin eines Rubinencolliers machte, sollte vorläufig meine Singerei vor Schaufenstern mit begehrenswerten Auslagen beenden. Mama wurde fromm. Was machte sie fromm?*

Der Umgang mit Jan Bronski, das gestohlene Collier, die süße Mühsal eines ehebrecherischen Frauenlebens machten sie fromm und lüstern nach Sakramenten.[48] Wie donnerstags in die Stadt, um mit Jan Bronski zu sündigen, drängt es Agnes sonnabends in die Herz-Jesu-Kirche zur Beichte. Bei dem einen wie dem anderen ist Oskar Komplice. Und er hat den Satan in sich. Schon bei seiner Taufe hat er sich geweigert zu widersagen. Jan Bronski hat zwar damals stellvertretend für Oskar dreimal das *Ich widersage* gesprochen, doch ohne Erfolg: *[…] als mich Jan vor das Portal der Herz-Jesu-Kirche trug, wo das Taxi bei heiterem bis wolkigem Wetter wartete, fragte ich Satan in mir: «Alles gut überstanden?» Satan hüpfte und flüsterte: «Hast du die Kirchenfenster gesehen, Oskar? Alles aus Glas, alles aus Glas!»*[49]

Doch nicht nur die Kirchenfenster sind Oskar eine ständige Versuchung, sondern auch eine Altarskulptur, Maria mit dem Kind und Johannes dem Täufer. *Beide Knaben hatten meine Größe. Dem Jesus hätte ich, genau befragt, zwei Zentimeter mehr gegeben, obgleich er den Texten nach jünger war als der Täuferknabe. Es hatte dem Bildhauer Spaß gemacht, den dreijährigen Heiland*

Mit den Zwillingen Franz und Raoul, 1963

nackt und rosa darzustellen. Johannes trug, weil er ja später in die Wüste ging, ein schokoladenfarbenes Zottelfell, das seine halbe Brust, den Bauch und sein Gießkännchen verdeckte.[50] Während der vielen Beichten seiner Mutter macht sich Oskar immer näher an den kleinen Jesus heran: *Als Oskar das Gießkännchen des Jesusknaben, das fälschlicherweise nicht beschnitten war, eingehend betastete, streichelte und vorsichtig drückte, als wolle er es bewegen, spürte er auf teils angenehme, teils neu verwirrende Art sein eigenes Gießkännchen, ließ daraufhin dem Jesus seines in Ruhe, damit seines ihn in Ruhe lasse.*[51] Oskar treibt es weiter und weiter, er sucht die entscheidende Probe: *Die Trommel vom Hals, das Kyrie ausdehnend hinauf auf die Wolkenbank, kein Verweilen beim Gießkännchen, vielmehr, kurz vor dem Gloria, dem Jesus das Blech umgehängt, Vorsicht beim Heiligenschein, runter von der Wolkenbank, Nachlaß, Vergebung und Verzeihung, aber zuvor noch die Knüppel in Jesu maßgerechte Griffe, eins, zwei, drei Stufen, ich erhebe meine Augen zu den Bergen, noch etwas Teppich, endlich die Fliesen und ein Betschemelchen für Oskar, der niederkniete auf dem Pölsterchen und die Trommlerhände vor dem Gesicht faltete – Gloria in excelsis Deo – an den gefalteten Händen vorbei zum Jesus und seiner Trommel hinblinzelte und auf das Wunder wartete: wird er nun trommeln, oder kann er nicht trommeln, oder darf er nicht trommeln, entweder er trommelt, oder er ist kein echter Jesus, eher ist Oskar ein echter Jesus als der, falls er nicht doch noch trommelt.*[52] Jesus aber ist zum Trommeln nicht zu bewegen. Kein Wunder geschieht. *Nein, da roch ich ihn nur noch, den Katholizismus. Von Glaube konnte wohl kaum mehr die Rede sein.*[53] Was Wunder, dass sich Oskar, als er schließlich der Stäuberbande seine glasbrechende Stimme als wirkungsvolle und willkommene Wunderwaffe anbietet, während man im Reich von Wunderwaffen nur träumt, unerschrocken für Jesus selbst ausgibt.

Fleischeslust und gläubige Inbrunst und Götzenbildeffekte – das passte im *katholischen Mief* der dreißiger Jahre durchaus zueinander. Und es passten dazu die bildhaften, kitzelnden Ausflüchte, die eine ängstlich unterdrückte Sexualität suchte und fand wie etwa in der Verwendung des so genannten Brausepulvers, einer allseits beliebten billigen Süßigkeit der Jahre,

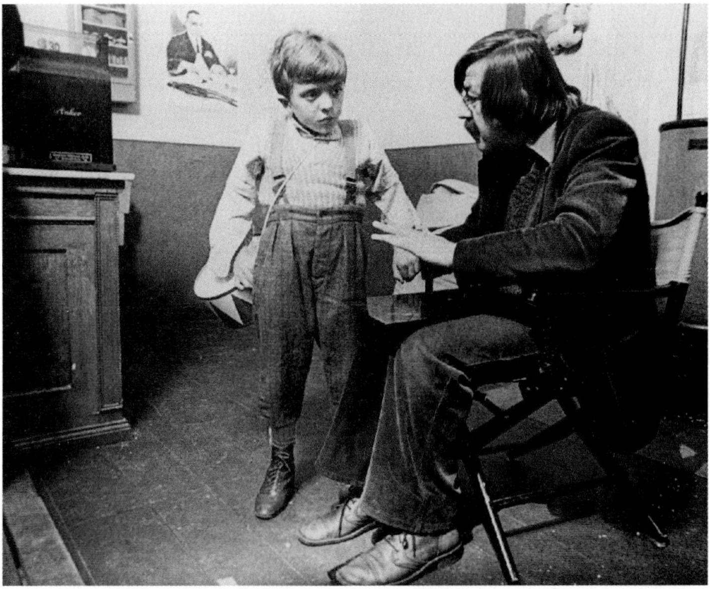

Dreharbeiten, mit David Bennent als Oskar Matzerath, 1979

eines in kleinen Tütchen erhältlichen Pulvers mit Geschmack, das in Wasser zu einer Brause, einem schäumenden Erfrischungsgetränk wurde. Es wurde damals auch gern als Pulver geleckt. Maria, Oskars erste Liebe, genießt es kichernd, wenn Oskar mit seiner Spucke das Brausepulver in ihrer Hand aus trockenem in einen schleimig sprudelnden Zustand versetzt. Das ist ein offensichtlich sexuelles Spiel, ohne dass man es dafür ansehen muss. So gelangt Oskar ganz unverdächtig – auch er selbst, der inzwischen sechzehnjährige Dreijährige, ahnt nicht die Möglichkeiten – in Marias Bett, gelingt es ihm, ganz unschuldig das Brausepulver in Marias *Bauchnabelkuhle* zu erhitzen, lässt er sich, während Maria genüsslich einschläft, *einen elften Finger wachsen*, weil seine zehn Finger und auch seine Zunge *unterm Moos* versagen. *Und so kam Oskar zu einem dritten Trommelstock – alt genug war er dafür.*[54]

Oskar, der seine Memoiren schreibt, hält sich hier wie bei anderen Gelegenheiten unverkennbar an erlebte, wenn auch bildfreudig ausgemalte Wahrheit. Deren individuelle und offensichtlich zugleich historische Bedeutung offenbarte sich den Lesern Ende der fünfziger Jahre gerade deshalb so drastisch, weil sie diese ebenso gut kannten, wie sie dazu erzogen und es gewöhnt waren, kein verräterisches Wort über sie zu verlieren. Weil er ein Gnom und Kretin war, dem die Leute manche Bedürfnisse und Vergnügungen noch weniger verziehen als anderen Mitmenschen, wurde, was jedermann selbst schon an sich gespürt, aber verheimlicht hatte, noch sehr viel deutlicher. Man fühlte sich unversehens selbst als Kretin. Und drastisch offenbarten sich die Rituale einer tief verinnerlichten, schon gar nicht mehr bewussten Verheimlichung, die verbrecherischer Politik, dem Kriegstreiben und dem Völkermord nützlich geworden war. Alles greift ineinander, wird aus reichlichen, ganz gewiss realen Materialien und Bildelementen, die dem Zeitgeist selbst abgeschaut waren, gerafft und montiert zum monströsen Triptychon, in dem einer zur Zeit der Niederschrift des Romans *Die Blechtrommel* noch immer fortwesenden vergangenen Zeit das Denkmal gesetzt ist.

Pornographie, Blasphemie, Nihilismus? Das waren alles nur Fünfziger-Jahre-Worte für einen den finsteren großen Zeiten des Dritten Reichs und ihren lang anhaltenden Nachwehen angemessenen Realismus. Um 1960 galt Günter Grass als Begründer einer neuen grotesken Literatur. Wieder gelesen, erweist sich *Die Blechtrommel* längst als ein rabiat realistischer und Aufklärung suchender Roman, in dem eine groteske Hauptfigur und einige groteske Bildmuster den Griff nach der schockierenden Realität, die er mitteilt, ermöglichen. Die geschichtliche Realität, die Ende der fünfziger Jahre noch weit machtvoller fortweste, als das inzwischen noch vorstellbar ist, war selbst grotesk.

Die Gottesmutter und das Ritterkreuz

Als habe er dies den ebenso irritierten wie faszinierten Lesern, die er mit der *Blechtrommel* gewonnen hatte, aber auch sich selbst demonstrieren wollen, ließ Günter Grass dem Roman eine Novelle folgen, in der zwar auch noch einige groteske Momente den Fortgang erleichtern, die jedoch ganz unverkennbar realistisch abläuft. Und die grotesken Momente – ein übergroßer Adamsapfel, ein übergroßer Penis, eine übergroße Liebe zur Gottesmutter Maria, ein übergroßer Hang, sich im Krieg auszuzeichnen, das Ritterkreuz zu gewinnen – sind so unmittelbar im Stoff der Novelle *Katz und Maus* verankert, dass es schon fragwürdig erscheint, sie ohne Vorbehalte überhaupt als grotesk zu bezeichnen. Was grotesk ist in ihr, folgt aus dem Wunsch, den Wahnwitz, der sich in ihr abzeichnet, zu begreifen, ohne ihn zu beschönigen. Es mindert nicht die fast tonlos sich vermittelnde Erfahrung menschlicher Ausweglosigkeit als bewegenden Gehalt der Novelle.

Katz und Maus ist, erzählt von seinem Mitschüler und Freund Pilenz, die zur Zeit des Krieges spielende Geschichte des Danziger Gymnasiasten Joachim Mahlke, des *Großen Mahlke*, der sich, mit einem übergroßen Adamsapfel geschlagen und auffallend hässlich, nach anfänglicher Schwächlichkeit in der Pubertät zu einem großen Schwimmer und Taucher mausert. *Große Ereignisse bewegten damals die Welt, doch Mahlkes Zeitrechnung hieß: Vor dem Freischwimmen, nach dem Freischwimmen [...].*[55] Eigensinnig, fast ein Einzelgänger, und dabei auffallend darauf aus, sich hervorzutun, ist er doch ein guter Kamerad, zugleich ein großer Beter und Anbeter, in süchtiger Frömmigkeit der Heiligen Jungfrau Maria verfallen. Alle wissen, dass Mahlke sich vor der Gottesmutter mit großen Taten auszeichnen möchte, und als einem ehemaligen Schüler, einem Ritterkreuzträger, bei einem Besuch in der Schule sein hoher Orden gestohlen wird, wissen alle, dass nur der *Große Mahlke* zu solcher Tat fähig war. Er wird vorzeitig zum Arbeitsdienst und zur Wehrmacht – Panzerwaffe – eingezogen, tut sich als Richtschütze, Unteroffizier und Panzerkommandant in kürzester Zeit durch serienweisen Abschuss russischer Panzer hervor und wird mit dem Ritterkreuz ausgezeichnet. Aus dem folgenden Urlaub kehrt er jedoch nicht mehr zu seiner Einheit zurück, sondern verschwindet. Möglicherweise, ja wahrscheinlich hat er sich am Ort zurückliegender Jugendspiele, in einem Schiffswrack *südöstlich der Ansteuerungstonne Neufahrwasser*[56] ertränkt.

Pilenz erzählt die Geschichte, weil die Erinnerung an Mahlke ihn quält, weil er sich schuldig fühlt, ohne genau zu wissen, weshalb. Nur weil er einmal, *als Mahlke schon schwimmen konnte*[57], eine junge schwarze Katze auf Mahlkes übergroßen, beweglichen Adamsapfel angesetzt hat und die Katze diesen ansprang, als sei er eine Maus? Weil es ihm nicht geglückt war, Mahlke vor sich selbst zu schützen? Pilenz erzählt die Geschichte, als alles längst vorbei und er selbst *Sekretär im Kolpinghaus*[58] ist. Es ist eine durchaus repräsentative, sachlich und kompakt, zügig und hart erzählte Geschichte aus dem Leben Jugendlicher im Danzig des Zweiten Weltkriegs. Eine strikt realistische Geschichte, die bei merklicher, doch wie unbeabsichtigter symbolischer Überhöhung und strenger Geschlossenheit des Ablaufs gleichwohl zu Recht als Novelle zu gelten hat. In Mahlkes Maus hat sie ihr Dingsymbol, ihren «Falken», der seit Boccaccio eine Geschichte zur klassischen Novelle werden lässt.

Ganz im Hintergrund der Novelle taucht auch ein *etwa dreijähriger Balg* auf, schlägt monoton hölzern auf seine *Kinderblechtrommel* und lässt einen *Nachmittag zu einer höllischen Schmiede werden*[59]. Es tauchen auf der Matzerath'sche Kolonialwarenladen, die Stäuberbande und wieder *ein dreijähriges Kind*, das *die Bande als Talisman, Maskottchen in Ehren*[60] hält. Mehr noch: *Da kam mir, nach zwei Krankenschwestern, die einen humpelnden lachenden humpelnden Leutnant führten, nach zwei Großmüttern und einem vielleicht dreijährigen Jungen, der nicht zu den Großmüttern gehören wollte, sondern eine Kindertrommel, die aber still blieb, bei sich führte, abermals etwas aus februargrauem Dornentunnel entgegen und vergrößerte sich: ich stieß auf Mahlke.* Und kurz darauf heißt es: – *auch kam das Bengelchen ohne Großmütter mit nun lauter Kinderblechtrommel zurück, schlug um uns einen magisch schmeckenden Halbkreis und verging endlich mit seinem Lärm in der Verjüngung der Allee.*[61]

Der stoffliche wie auch der intentionale Zusammenhang sind mit solchen Hinweisen, solch halluzinativen Vexierspielen deutlich akzentuiert. Doch in ganz verschiedener Hinsicht ist die Novelle *Katz und Maus* zugleich ein Querschläger, das Resultat einer produktiven Irritation. Im Rückblick stellt sich zwar die *Danziger Trilogie* dar als eine spannungsreiche Einheit, in der zum Teil widersprüchliche Erzählweisen – grotesker Schelmenroman, klassische Novelle und, in *Hundejahre* dann, das pandämonische, manieristisch auskomponierte barocke Großpanorama – einander herausfordernd ergänzen und so den ungeheuren Stoff Kindheit und Jugend in Drittem Reich, Zweitem Weltkrieg und Nachkriegselend in seinen tatsächlichen Umrissen überhaupt erst aus den Nebeln der Geschichte hervortreten lassen. Aber diese Einheit war keineswegs von vornherein eindeutig geplant oder auch nur planbar. Wie *Katz und Maus* die Leser der *Blechtrommel* überrascht hat, die ja vom Erfinder des pikarischen Kretins Oskar nicht gerade eine der klassischen Novelle jedenfalls sehr nahe Erzählung erwarteten, so hat *Katz und Maus* offensichtlich auch den Autor überrascht.

Möglicherweise hat die Erfindung der Novelle schon begonnen, als Günter Grass im Frühjahr 1958 zum ersten Mal nach dem Krieg wieder Danzig besuchen konnte. Seine Absicht war, für die Schlussfassung der *Blechtrommel* die Vorgänge bei der Verteidigung der polnischen Post zu recherchieren. Lange Vergangenes wurde wieder greifbar wirklich: *In Gdansk schritt ich Danziger Schulwege ab, sprach ich auf Friedhöfen mit anheimelnden Grabsteinen, saß ich (wie ich als Schüler gesessen hatte) im Lesesaal der Stadtbibliothek und durchblätterte Jahrgänge des «Danziger Vorposten», roch ich Mottlau und Radaune. In Gdansk war ich fremd und fand dennoch in Bruchstücken alles wieder: Badeanstalten, Waldwege, Backsteingotik und jene Mietskaserne im Labesweg, zwischen Max-Halbe-Platz und Neuer Markt; auch besuchte ich (auf Oskars Anraten) noch einmal die Herz-Jesu-Kirche: der stehengebliebene katholische Mief.*[62]

Nach Abschluss der *Blechtrommel* erlebte Grass einen gesundheitlichen Einbruch: Tuberkulome in seinen Lungen erzwangen eine längere Ruhepause und Behandlung. Dies war einer der Gründe für die Familie Grass, Anfang 1960 von Paris nach Berlin zurückzukehren. Grass schrieb die Gedichte des

Bandes *Gleisdreieck*, der noch in demselben Jahr erschien, und zwar wie *Die Vorzüge der Windhühner* vier Jahre zuvor mit Zeichnungen des Autors. *Doch noch in Paris*, berichtet Grass, *hatte ich mit den Vorarbeiten für den Roman «Hundejahre» begonnen, der anfangs «Kartoffelschalen» hieß und nach falscher Konzeption begonnen wurde. Erst die Novelle «Katz und Maus» zerschlug mir das kurzatmige Konzept. Doch dazumal war ich schon berühmt und mußte beim Schreiben nicht mehr die Heizung mit Koks füttern. Schreiben fällt schwerer seitdem.*[63] In dieser Sache ist jedoch eine zweite, sogar frühere Aussage von Grass ebenfalls zu beachten: *«Hundejahre» habe ich mit einer falschen Erzählkonzeption begonnen, die dann in der Mitte des Buches durch ein Kapitel, das eigentlich «Katz und Maus» enthielt, zerschlagen wurde; es stellte sich heraus, daß darin eine Novelle war, die den Roman kaputt machte. Dann habe ich zuerst die Novelle geschrieben und durch die Arbeit an der Novelle die Erzählpositionen für «Hundejahre» gefunden.*[64]

Katz und Maus erschien im Herbst 1961 und musste sich ein Jahr später gegen den Antrag behaupten, die Novelle in das Verzeichnis jugendgefährdender Schriften aufzunehmen. Davon abgesehen jedoch war der Beifall zumindest ebenso groß wie zuvor der Beifall für *Die Blechtrommel*, und er nahm wie bei dieser sogleich internationale Dimensionen an. Wie gesagt: *Katz und Maus* überraschte den Autor wie die Leser. Die Kompaktheit der Novelle, ihre disziplinierte und doch pralle Sprache, die undurchschaubare geschichtliche Lebensnähe

Nur mit der Zange anzufassen!

«Grass, der von gewissen Literaturkritikern als ‹erzählerische Kraftnatur› gepriesen wird, ist dafür bekannt, daß er vor keiner Unappetitlichkeit und vor keiner Obszönität zurückschreckt. Der ‹Dichter› hat sich zweifellos zu einem ‹Meister der Pornographie› entwickelt, von dem man nicht behaupten kann, er ziehe den Leser ‹nach oben›, wie dies Dichter sonst zu tun pflegen. Vielmehr konfrontiert er ihn rücksichts- und hemmungslos mit Dingen, die man landläufig als schamlose Schweinereien bezeichnet. Solange aber Grass solche Obszönitäten mit einer Diskriminierung des Soldatischen verkoppelt, scheint ihm der Ruhm unserer Zeit sicher zu sein. Wohl in keinem anderen Lande ist ein Tapferkeitsorden so tief in den Schmutz gezogen worden wie in diesem Buch, das verdient, mit der Zange angefaßt zu werden.»

Das Ritterkreuz. Wiesbaden, April 1962

und Tragikomik der Figur des *Großen Mahlke* fanden erstaunte und enthusiastische Bewunderung, in der jene Stimmen, die (z. B. in der Zeitschrift «Das Ritterkreuz») erneut mit Empörung von Pornographie, Obszönität, Amoral, schamlosen Schweinereien, lästerlicher Blasphemie sprachen, den Beifall nur anheizten.

Ein Priester prüft in der Sakristei interessiert, unterm Hemd des Ministranten hinuntertastend, wie stramm dessen Turnhose im Bund anliegt. Die Mutter des Erzählers Pilenz ersetzt ihren fernen Gatten durch Umgang mit wechselnden höheren Dienstgraden. Der *Große Mahlke* zeigt widerwillig, denn er ist in gläubiger Inbrunst auf die Heilige Kommunion und die Heilige Jungfrau fixiert und sündigt ungern – zeigt nur, um vor der zerbrechlichen, gummigliedrigen, hartgesottenen Tulla Pokriefke, dem einzigen in der Horde akzeptierten Mädchen seine Ruhe zu haben, dass er auch beim Onanieren der Größte ist: *«Na schön», sagte er. «Damit du endlich die Schnauze hältst.» Tulla gab sogleich die Brücke auf und kauerte normal mit untergeschlagenen Beinen, als sich Mahlke die Badehose bis zu den Knien herunterpellte. Kinder staunten im Kasperletheater: einige kurze Bewegungen aus dem rechten Handgelenk heraus, und sein Schwanz stand so sperrig, daß die Eichel aus dem Schatten des Kompaßhäuschens herauswuchs und Sonne bekam. Erst als wir alle einen Halbkreis bildeten, reckte sich Mahlkes Stehauf-*

«Das Buch ist ein vorzügliches Kunstwerk, glänzend aufgebaut in der Konzeption und in der Ausarbeitung des Thematischen. Es ist ohne Zweifel einer der merkwürdigsten Zeitromane. Ich muß mit aller Autorität widersprechen, wenn der Hessische Minister für Arbeit, Volkswohlfahrt und Gesundheitswesen in seinem Antrag erklärt, daß die beanstandeten Passagen nur des obszönen Reizes wegen aufgenommen worden seien und daß weiterhin das ganze Buch unter keinem Gesichtspunkt als der Kunst dienend im Sinne des § 1 Abs. 2 Nr. 2 GjS bewertet werden könne.
Es tut mir leid, unter allen Umständen widersprechen zu müssen. Das Buch dient in hervorragender Weise der Kunst, und ich bedaure es außerordentlich, daß ein Mitglied des kunstliebenden und loyalen Kabinetts Zinn in Wiesbaden ein derart mißverständliches Urteil abgegeben hat.»

Kasimir Edschmid, Ehrenpräsident des PEN, in seinem Gutachten zu dem Antrag, die Novelle «Katz und Maus» auf die Liste jugendgefährdender Schriften zu setzen. 17. November 1962

Im Berliner Tiergarten ...

männchen wieder im Schatten. «Darf ich mal schnell, nur ganz schnell?» Tullas Mund blieb offen. Mahlke nickte und ließ seine rechte Hand fallen aber als Griff bestehen. Tullas immer zerkratzte Hände wirkten verloren an jenem Ding, das unter prüfenden Fingerkuppen Umfang gewann, Geäder schwellen und die Eichel anlaufen ließ. «Meß doch mal nach!», rief Jürgen Kupka.[65]

Einmal lässt Mahlke für Pilenz den *Artikel*, den *großen Metallbonbon*, jenes Ritterkreuz, das er, seine späteren Verdienste süchtig vorwegnehmend, in der Schule einem Ritterkreuzträger geklaut hat, *vor seinen Klöten und dem Schwanz baumeln*[66]. Später, als Arbeitsdienstmann, soll Mahlke *die Alte vom Chef*[67] vorübergehend so extensiv beglückt haben, dass es zur Sage wurde. Und damit sind die «schamlosen Schweinereien» der Novelle hinreichend angedeutet. Pilenz teilt sie geradezu beiläufig mit, knapp und sachlich, er bauscht sie nicht auf, sondern nimmt sie als etwas schlicht Gegebenes, was allerdings bei Erscheinen der Novelle die Sache in vieler Augen nur noch schlimmer machte. Pilenz teilt sie mit als Realien, die nicht ignoriert werden können bei seiner Versenkung in Mahlkes

... mit sowjetischem Ehrenmal und Reichstagsgebäude

Schicksal, die aber doch, wie manch anderes, nur am Rande von Belang sind für sein Unglück, seine Ausweglosigkeit, seine Verstrickung in den Widersprüchen der Kriegszeit. Bezeichnender für die Novelle sind Mahlkes abnorme Frömmigkeit und seine *Halsschmerzen*, wie damals die unter Jungen grassierende Sucht genannt wurde, aufzutrumpfen, ein Held zu werden, es zum Ritterkreuz zu bringen. Schwerer wiegt Mahlkes Ritterkreuz-Diebstahl. Schwerer wiegt, dass Mahlke, als es dann so weit ist, die Ehre verweigert wird, in seiner Schule von seinen Heldentaten zu berichten. Die Lust, rein zu sein und anzubeten, der Wunsch, seine Hässlichkeit zu verhüllen, der Drang, groß dazustehen – dies alles, durchaus normale Symptome der Pubertät, bläht sich so hilflos wie monströs, weil die Umwelt nur erniedrigende und mörderische Antworten bereithält. Die Katze schlägt die Maus, Mahlke bekommt sein Ritterkreuz und verschwindet auf Nimmerwiedersehen, Pilenz bleibt ratlos zurück.

Einer wie Mahlke, jemand aus meinem Jahrgang, sagt Grass, *der das deutsche Gymnasium damals erlebt hat schon mit den vor-*

nazistischen, deutschnationalen Ausrichtungen, der Erziehung zum Heldenwesen, der ist natürlich nicht das Porträt eines bestimmten Schülers, da haben viele unfreiwillig Modell gestanden. Auch auf Pilenz trifft das zu, auf die Antiposition.[68] Wenn aber viele Modell gestanden haben, so lässt das schließen auf die Intention des Erzählers, der von demselben Jahrgang ist, mit sich selbst ins Reine zu kommen. Pilenz jedenfalls, der vorgeschobene Erzähler, zeigt, ohne ihn befriedigen zu können, diesen Wunsch sehr heftig. Dieser Wunsch, er hat die Erzählung hervorgebracht und er prägt sie vom ersten bis zum letzten Satz. Gefesselt von der Figur des *Großen Mahlke,* die bei Erscheinen der Novelle aus wacher Erinnerung noch ganz unmittelbar verglichen werden konnte, deren monströse und traurige Lebensechtheit direkt erkennbar war, haben Kritik und Leser die Bedeutung des vorgeschobenen Erzählers Pilenz lange unterschätzt.

Mahlke ist verschwunden, tot vermutlich. Er bleibt damit ein tragisches Produkt der Nazi- und Kriegszeit. Pilenz aber lebt weiter, erinnert und quält sich. In ihm ist das Vergangene weiter gegenwärtig, und es gibt ihn nicht frei. Deshalb erzählt Pilenz, deshalb erzählt Grass. Schon ganz zu Anfang der Novelle heißt es: *Ich aber, der ich Deine Maus einer und allen Katzen in den Blick brachte, muß nun schreiben. Selbst wären wir beide erfunden, ich müßte dennoch. Der uns erfand, von berufswegen, zwingt mich, wieder und wieder Deinen Adamsapfel in die Hand zu nehmen, ihn an jeden Ort zu führen, der ihn siegen oder verlieren sah [...].*[69] Später steht da: *Aber ich schreibe, denn das muß weg.*

Es liegt auf der Hand: Mahlke war auch Günter Grass. Noch offensichtlicher aber ist Pilenz, wenn nicht identisch mit Grass, so doch ein Teil von ihm. Mahlke, so könnte man sagen, hat keine Chance gehabt, davonzukommen. Seine verwirrte, verquast idealistische Sucht, anzubeten und sich seinem Höchsten siegreich zu opfern, ließ ihm keinen Ausweg, als er erkannte, dass sein erträumtes System, sein Plan einfach nicht stimmten, als die letzte Bestätigung seiner Heldentaten ihm verweigert wird. Da ist der Held nur noch ein Opfer. Pilenz aber, der den *Großen Mahlke* bewundert hat, wenn auch zweifelnd, skeptisch und stets bereit, ihm als tumbem Toren hilfreich zu sein – Pilenz

Im Eingang Niedstraße 13 mit Frau Anna, geb. Schwarz, und den Kindern (v. l. n. r.) Bruno, Laura, Raoul und Franz

bleibt nur, sich weiter hilflos den Kopf zu zerbrechen. Oder aber, dagegen anzuschreiben.

Zu Beginn des neuen Jahres wollte ich Violinstunden nehmen – mein Bruder hatte eine Geige hinterlassen – aber wir wurden Luftwaffenhelfer, und heute ist es wohl zu spät, obgleich Pater Alban nicht müde wird, mir Violinstunden anzuraten; wie er es auch war, der mich ermunterte, von Katz und Maus zu berichten: «Setzen Sie sich einfach hin, lieber Pilenz, und schreiben Sie drauflos. Sie verfügen doch, so kafkaesk sich Ihre ersten poetischen Versuche und Kurzgeschichten lasen, über eine eigenwillige Feder: greifen Sie zur Geige oder schreiben Sie sich frei – der Herrgott versah Sie nicht ohne Bedacht mit Talenten.»[70]

Schon Oskar hat sich gerettet gegen die Zeiten durch Kunst, als Blechtrommler und als weit ausholender Erzähler seiner Abenteuer. Pilenz, der es zum Violinespielen nicht gebracht hat, hält sich mühsam aufrecht durch den Versuch, sich frei zu schreiben. Es ist weit schwieriger und hat, bei aller Ähnlichkeit, eine umfassendere Bedeutung als das Sichfreischwimmen, das Mahlkes Leben so gründlich gewandelt hat, das ein Triumph war und der Anfang seines traurigen Endes. Auch mit der Novelle *Katz und Maus* aber war es so ganz noch nicht geglückt, sich *frei* zu schreiben.

Im Fegefeuer oder Erlösung aus dem Hundeleben?

Noch einmal ist Grass in den Orkus hinabgestiegen, und diesmal hat er alle Hebel in Bewegung gesetzt, alle Maschinen, die ihm zur Verfügung standen, angeworfen, das große Orchester mit allen Instrumenten zitiert: die Bibel, den Wort- und Realitätsinstinkt des Barock, Rabelais, Jean Paul, das Grand Guignol auf einmal. Der Erzähler und alle seine Spiegelbilder im Roman, diesmal sind sie – ohne sich etwas vormachen zu wollen, im Gegenteil – auf Erlösung aus. Keine Bewältigung, kein Verdrängen und Vergessen, kein Freispruch von Schuld stehen auf dem Plan, aber doch eine Buße, die Erleichterung bringt und Befreiung von dem Zwang, nur immer wieder zurückblicken zu müssen. Um endlich doch wieder vorausblicken zu können.

So hebt die Geschichte der Hundejahre an: *Erzähl Du. Nein, erzählen Sie! Oder Du erzählst. Soll etwa der Schauspieler anfangen? Sollen die Scheuchen, alle durcheinander? Oder wollen wir abwarten, bis sich die acht Planeten im Zeichen Wassermann geballt haben? Bitte, fangen Sie an! Schließlich hat Ihr Hund damals. Doch bevor mein Hund, hat schon Ihr Hund, und der Hund vom Hund. Einer muß anfangen: Du oder Er oder Sie oder Ich … Vor vielen vie-*

len Sonnenuntergängen, lange bevor es uns gab, floß, ohne uns zu spiegeln, tagtäglich die Weichsel und mündete immerfort.[71]

Andere zum Erzählen auffordernd, beginnt, sich selbst objektivierend, zu erzählen zunächst jemand namens Brauxel, der sich auch Brauksel oder Brauchsel schreibt und einem Bergwerk vorsteht, *das weder Kali, Erz noch Kohle fördert und dennoch hundertvierunddreißig Arbeiter und Angestellte auf Förderstrecken und Teilsohlen, in Firstenkammern und Querschlägen, an der Lohnkasse und in der Packerei beschäftigt: von Schichtwechsel zu Schichtwechsel.*[72] Das Bergwerk, sei hier vorweggenommen, produziert Fertigprodukte: Scheuchen, Vogelscheuchen, als Automaten nachgestaltet aus dem Geist natürlicher und geschichtlicher Schrecken und zu vielerlei Zwecken verwendbar. Brauxel hat zwei weitere Autoren unter Vertrag: den Funkautor Harry Liebenau und den Schauspieler Walter Matern. Zunächst aber erzählt er selbst, und zwar, ständig ausgehend von der Gegenwart seiner Tätigkeit als Bergwerksdirektor, den ältesten Teil der Geschichte, die in den Weichselniederungen anhebt, die Geschichte der Kinderfreundschaft zwischen Eduard – oder Eddi – Amsel, Sohn des jüdischen Händlers, Turners, Kirchenchorsängers und Reserveleutnants Albrecht Amsel, und Walter Matern, Sohn des Besitzers der Luisenmühle zu Nickelswalde.

Brauxel teilt sein Schreibwerk nach *Frühschichten* ein. Früh schon, bereits in der *Vierten Frühschicht*, ist die Rede nicht nur von Eddi und Walter, sondern auch von Senta, der Hündin: *Jetzt ziehen sie ab: verschieden groß auf der Deichkrone gegen die Anlegebrücke der Fähre. Schwarz die Hündin. Einen halben Schritt voran: Amsel. Hinterdrein: Walter Matern. Er schleppt Amsels Klamotten. Hinter dem Bündel richtet sich das Gras, während die drei auf dem Deich kleiner werden, langsam wieder auf.*[73] Früh schon heißt es: *Und Perkun zeugte Senta; und Senta warf Harras; und Harras zeugte Prinz; und Prinz machte Geschichte.*[74] Und Eddi Amsel hat früh schon angefangen, Vogelscheuchen zu bauen – *als Fünfeinhalbjähriger etwa baute er seine erste nennenswerte Scheuche.*[75]

Brauxel bringt es auf *33 Frühschichten*, ehe er das Wort dem jungen Harry Liebenau überlässt, der in ständiger Anrede seiner Cousine Tulla Pokriefke die Geschichte ihrer gemeinsamen Jugend auf dem Hof der Tischlerei Liebenau in Danzig-Langfuhr erzählt, einer Geschichte, an der die dicke Jenny, Adoptivkind des Studienrats Oswald Brunies, gleichberechtigten Anteil hat. Wiederum treten im Hintergrund ein Kolonialwarenhändler Matzerath und ein gewisser, die Blechtrommel rührender Gnom hervor. Sehr bald schon wird noch andere Querverbindung erkennbar: Im Hof der Tischlerei wacht Hofhund Harras, Deutscher Schäferhund, schwarz, ein Deckrüde, der im Zuchtbuch steht. *Mein Vater, der Tischlermeister, hatte ihn, kurz bevor wir geboren wurden, in Nickelswalde, einem Dorf an der Weichselmündung, als Welpe gekauft. Dreißig Gulden verlangte der Besitzer, dem die Luisenmühle zu Nickelswalde gehörte.*[76] Und bald kommen die Kinder zusammen: Eddi Amsel und Walter Matern schon als Danziger Gymnasiasten, Tulla, Jenny und Harry etliche Jahre jünger. Tulla verbringt sieben Hundehüttentage bei Harras, der bald darauf mit der Hündin Thekla von Schüddelkau fünf Welpen zeugt, von denen einer, Prinz, *im Namen der Partei und der deutschen Bevölkerung der deutschen Stadt Danzig dem Führer und Reichskanzler, anläßlich seines sechsundvierzigsten Geburtstages*[77], zum Geschenk gemacht wird. So macht Harras auch Harry berühmt, obgleich zu dieser Zeit Danzig noch Freie Stadt war.

Noch viel geschieht, ehe Harry Liebenau schreibt: *Es war einmal ein Hund, der hieß Perkun und gehörte einem litauischen Mahlknecht, der an der Weichselmündung Arbeit gefunden hatte. Perkun überlebte den Mahlknecht und zeugte Senta. Die Hündin Senta, die einem Müller in Nickelswalde gehörte, warf Harras. Der Deckrüde, der einem Tischlermeister in Danzig-Langfuhr gehörte, belegte die Hündin Thekla, die einem Herrn Leeb gehörte, der Anfang zweiundvierzig, kurz nach der Hündin Thekla, verstarb. Der Hund Prinz jedoch, von dem Schäferhundrüden Harras gezeugt und von der Schäferhündin Thekla geworfen, machte Geschichte: Er wurde dem Führer und Reichskanzler zum Geburtstag geschenkt und kam, als dessen Lieblingshund, in die Wochenschau.*[78] Mehr noch geschieht, ehe eine stärkere Stimme als die Harrys meldet: *Der nun folgenden Führerhinaussprache: «Die Frage nach dem Hund ist eine metaphysische und stellt das deutsche Volk in seiner Gesamtheit in Frage» schließt sich die bekannte Führerweisung an: «Berlin bleibt deutsch. Wien wird wieder deutsch. Und der Hund wird niemals verneint werden können.»*[79] Und dann ist das Ende da: *Vergessen wollen alle die Knochenberge und Massengräber, die Fahnenhalter und Parteibücher, die Schulden und die Schuld.*[80] Auch des Führers Lieblingshund Prinz ist endlich entkommen, durchschwimmt am *achten Mai neunzehnhundertfünfundvierzig, früh, um vier Uhr fünfundvierzig*[81] die Elbe und sucht sich *westlich des Flusses* einen neuen Herrn. Er hängt sich schon an Walter Matern, als der noch hinter Stacheldraht hockt, läuft ihm nach, als er aus dem Kriegsgefangenenlager entlassen wird, bleibt ihm trotz Gegenwehr hartnäckig auf den Fersen, lässt sich nicht verjagen und folgt ihm, jetzt auf den Namen Pluto hörend, in die westdeutsche Nachkriegszeit. Der Hund braucht eben immer einen Herrn.

Frühschichten heißt doppeldeutig das erste, von Brauxel verfasste Buch des Romans *Hundejahre*, *Liebesbriefe* das von Harry Liebenau niedergeschriebene zweite und *Materniaden* das dritte, dessen Verfasser der Müllersohn und Schauspieler Walter Matern ist, Freund des halbjüdischen, übrigens schon als Kind dicklichen, fettleibigen, schon als Kind Vogelscheuchen fabrizierenden, zeichnenden, singenden Eddi Amsel. Noch in den *Liebesbriefen* ist erzählt, wie Eddi, gezwungenermaßen, Erfahrungen macht mit dem Namenswechsel, und auch mit noch tiefgreifenderen Verwandlungen. Gleichzeitig mit der dicken Jenny, die schon lange, um nicht so dick zu bleiben, die Ballettschule besucht, doch vergeblich, wird Eddi nach einem Kampf mit neun SA-Männern, bei dem ausgerechnet Matern ihm die Zähne ausschlägt, in einen Schneemann verwandelt, um, wie auch Jenny, bei dem folgenden Tauwetter rank und schlank entlassen zu werden, jetzt aber als Herr Haseloff zum Ballettmeister zu avancieren und mit der als Tänzerin immer erfolgreicheren Jenny nach Berlin zu gehen. Die Verwandlung – schließlich ist er Halbjude – rettet ihn. Ein geplantes Vogelscheuchenballett aber kommt nicht mehr zustande. Bei einem Luftangriff wird Jenny verwundet und kann danach nicht mehr tanzen.

Noch einmal vergeht, prall von Sein und Ereignissen, Zeit, die Walter Matern, mit seinem Hund Pluto unterwegs in Westdeutschland, in Erinnerung hält mit seinen sexualprotzigen *Materniaden*; rachedurstig appliziert er möglichst vielen jungen und älteren Damen mit Nazihintergrund seine Geschlechtskrankheit. Es vergeht Zeit, in welcher der alte Müller Matern mit den Weissagungen von Mehlwürmern, die er in einem Mehlsäckchen aus Nickelswalde nach Westen herübergerettet hat, das Wirtschaftswunder in Gang bringt. Der alte Matern versteht, was die Würmer vermelden, er braucht nur das Ohr ans Säckchen zu halten, und so holen sich all die neuen westdeutschen *Führungskräfte*, auch *Wurmpotenzen*[82] genannt und mit Rang und Namen aufgezählt, Rat bei dem Müller. Die Regierungspartei, die im Bundestag die *Mehlwurm-Fraktion* stellt, gedeiht, nur ist leider der Wurm drin. Weder Liebenau noch Matern ahnen, dass unterdes Brauxel oder Brauksel oder Brauchsel, alias Eddi Amsel, Haseloff und auch Goldmäulchen, sein Bergwerk erfolgreich vervollkommnet, sein Vogelscheuchen-Bergwerk, seine Kunst-Hölle, in die er endlich mit Walter Matern hinabsteigt. Pluto bleibt unten: « *Wächter soll er hier sein und dennoch nicht Cerberos heißen. Der Orkus ist oben!*»[83], befindet Brauxel. Matern drängt entsetzt wieder ans Licht. *Und Dieser und Jener – wer mag sie noch Brauxel und Matern nennen? – ich und er, wir schreiten mit abgelöschtem Geleucht zur Steigerkaue, wo uns der Kauenwärter die Schutzhelme und die Karbidlampen abnimmt. Mich und ihn führt er in Kabinen, die Materns und Brauxels Kleider aufbewahren. Aus Untertageklamotten steigen er und ich. Für mich und ihn wurden Badewannen gefüllt. Drüben höre ich Eddi plätschern. Jetzt steige auch ich ins Bad. Das Wasser laugt uns ab. Eddi pfeift etwas Unbestimmtes. Ich versuche ähnliches zu pfeifen. Doch das ist schwer. Beide sind wir nackt. Jeder badet für sich.*[84]

Das Inferno, könnte es Purgatorium sein? Günter Grass hat in seinem Roman *Hundejahre*, der die *Danziger Trilogie* abschließt, auf die Spannung gesetzt zwischen ganz offen manieristischer Verwendung aller nur greifbaren technischen Mittel, bis hin zu den surrealistischen, kabarettistischen, phantastischen, und einer ungezügelten Lust an der Benennung der Sachen und Zustände, die sich immer anders in barockem Wortrausch steigert; und es ist ihm geglückt, Zeitgeschichte zu schreiben als Apokalypse, ohne dabei irgendwelchen Schicksalsmächten Verantwortung zuzuschieben. Es wird montiert und ummontiert. Es wimmelt von Gags und Theaterprojekten. Idylle ist nur noch ferne Erinnerung. Der Orkus brodelt. Der Schleim des Fäkalischen und Obszönen ist lakonischer noch ins Wort geholt als in Oskars Erzählungen. Und wenn diese der westdeutschen Nachkriegswelt gegenüber noch eher blass blieben, so ist es Grass in den *Hundejahren* geglückt, seinen Grand Guignol voranzuschieben in diese Welt, in der ja tatsächlich der Führerhund, das Spektakel um Herr und Hund noch immer mächtig umgingen. Aber nicht Ressentiment hat Grass zum Erzählen gebracht, sondern die Fähigkeit, sich scharf umzusehen und genau zu erinnern. Was er erfahren hat und erzählt, hat etwas vom Jammertal der Bibel und von der alttestamentarischen Vitalität des Sündigens zugleich. Und was aus dem allen aufsteigt, das ist nicht nur, kongenial zu Papier gebracht, Eddi Amsels Vogelscheuchen-Hölle, nicht nur das phantastische Bild einer Welt als Hexensabbat und Pandämonium, sondern gibt schließlich, im Gefühl der Schuld, auch eine vage Hoffnung auf Erlösung.

Mein Onkel

Neun stiegen über den Gartenzaun,
mein Onkel war dabei.
Neun traten nieder den Januarschnee,
mein Onkel im Schnee dabei.
Ein schwarzer Lappen vor jedem Gesicht,
mein Onkel vermummt und dabei.
Neun Fäuste meinten ein zehntes Gesicht,
des Onkels Faust schlug entzwei.
Und als neun Fäuste müde waren,
schlug Onkels Faust noch zu Brei.
Und als alle Zähne gespien waren,
erstickte mein Onkel Geschrei.
Und Itzich Itzich Itzich hieß
des Onkels Litanei.
Neun Männer entwichen über den Zaun,
mein Onkel war dabei!

Aus «Hundejahre»

Prall von Sein und Ereignissen, überquellend von Wortgewalt, hat der Roman *Hundejahre* nicht nur erneut die Empörung, den obligaten Abscheu derer provoziert, die ihre längst obsoleten Werte in Gefahr sahen, er löste vereinzelt auch Kritik aus, die ernster zu nehmen war. Auch sie allerdings ließ sich bei genauerem Hinschauen zurückführen auf Vorstellungen von Literatur, auf Erwartungen angesichts Literatur, die Grass gerade nicht im Sinn hatte, gegen die er erzählend aufbegehrte. Widerspruch weckte darüber hinaus der in die Sprache parodierend eingeholte, zum Verdikt zugespitzte Angriff, den Grass gegen den Philosophen Martin Heidegger und sein Hauptwerk «Sein und Zeit» führte: *Hör gut zu, Hund: Der wurde geboren in Messkirch. Das liegt bei Braunau am Inn. Der und der Andere wurden abgenabelt im gleichen Zipfelmützenjahr. Der und der Andere haben sich gegenseitig erfunden. Der und der Andere werden einst auf dem gleichen Denkmalsockel.*[85] Das verführerische, benebelnde Raunen aus mythennah höherem Wissensanspruch ist denunziert als dem Faschismus nützliche Handlangerei. Heidegger fand einen Verteidiger zum Beispiel in Walter Jens. Gegen dessen Tadel verteidigte den Autor Grass plausibel Klaus Wagenbach. Ganz ausdiskutiert aber wurde der Fall nicht, verständlicherweise – es hätte Heidegger vielleicht noch schwerer getroffen als die rüde, rabiate, doch jedenfalls die Wirkung des Heidegger'schen Philosophierens auf das Gemüt vieler Jüngerer ziemlich direkt aufspießende Attacke im Roman. Ganz unabhängig von Heideggers persönlicher Moral.

Zu erschöpfen sind die *Hundejahre* nicht. Prall von erfahrener Wirklichkeit, die sich in Verwandlungen vervielfältigt, prall vom Stoff der Geschichte, der sich unter den Blitzlichtern von Erfindung und Kunst schockierend entschleiert, entwirft der Roman ein Panoptikum, das Anfang der sechziger Jahre die Augen auf- und übergehen ließ. Und erkennbar, fasslich, greifbar in seiner sinnlichen Plastizität wird die abhängige Sozialisation einer ganzen Generation, samt den meist hilflosen Anstrengungen individuellen Überlebens und Sichselbstfindens unter einer Schreckenslast von ideologischem Gerümpel. Doch alles war Wirklichkeit. Und Grass sieht keinen Ausweg, findet keine Weisung, entdeckt keine Moral. Oder bietet Kunst einen Ausweg? Einer Epoche, die schrecklich war und ist, ein Bild von ihr selbst zu machen, ergibt das eine Moral? Jedenfalls erhöht es die Fähigkeit, standzuhalten. Jedenfalls ver-

In einer Berliner Druckerwerkstatt

mittelt es die Fähigkeit, die Dinge zu sehen als das, was sie sind. Es verlängert sogar das Leben. Goldmäulchen weiß es: *Laßt den Faden nicht abreißen, Kinder! Denn solange wir noch Geschichten erzählen, leben wir. Solange uns etwas einfällt, mit und ohne Pointe, Hundegeschichten, Aalgeschichten, Vogelscheuchengeschichten, Rattengeschichten, Hochwassergeschichten, Rezeptgeschichten, Lügengeschichten und Lesebuchgeschichten, solange uns Geschichten noch zu unterhalten vermögen, vermag keine Hölle uns unterhaltsam zu sein. Du bist dran, Walter! Erzähle, solang Dir Dein Leben lieb ist*[86]! Und Eddi Amsels, Haseloffs, Brauxels Vogelscheuchen-Hölle, sie ermöglicht schließlich gar dem, der sich ihrem Schreckensbild stellt, so etwas wie Reinigung.

Mit Erscheinen des Romans *Hundejahre* war Günter Grass, den *Die Blechtrommel* berühmt gemacht hatte, als deutscher Schriftsteller von internationalem Rang fest etabliert: *Die Blechtrommel* war kein Zufallstreffer gewesen, sondern ein Auftakt. Innerhalb von vier Jahren hatte Grass mit der *Danziger Trilogie* ein allen Konventionen der fünfziger und frühen sechziger Jahre widersprechendes, riesiges Erzählwerk vorgelegt, das die literarische Landschaft provozierend dominierte, Produkt eines Zusammenpralls von Erzählkunst und Geschichte, wie er schon niemandem mehr vorstellbar gewesen war. Der herkömmlichen Realitätsverweigerung war schwerer, war ein nicht mehr zu regulierender Schaden zugefügt worden, und zwar massenwirksam.

Eines muss dabei zumindest noch angedeutet werden. Mit all seinem «überlegenen Kunstverstand», den zum Beispiel Hans Magnus Enzensberger ihm zusprach, war der Erzähler Grass – so hätte man es jedenfalls zu anderen Zeiten gesagt – ein Mann aus dem Volk, präziser: aus dem gesichtslosen, dem unbekannten Kleinbürgertum. Ein Mann ohne nennenswerte Herkunft und reguläre Bildung, der allerdings zu erzählen, wie kein anderer bewusst zu machen wusste, woher er kam, und der unverstellt in Projektionen eigener Erfahrung und Bildern kollektiver Zustände Einblick gab in die Lebensrealität jener breitesten Schicht in Deutschland, die von Hitler und dem Nationalsozialismus wie keine andere verführt und missbraucht worden ist: die Lebensrealität des Kleinbürgertums. Grass wusste und weiß: *Diese Schicht ist schuldig geworden.*[87] Aber er sagt auch: *Diese breite, ungeformte, ja molluskenhafte Schicht war immer führungslos, politisch heimatlos, und so wurde sie leichte Beute. Da die Arbeiterparteien mit ihren Begriffen aus dem 19. Jahrhundert, die das Kleinbürgertum ausschlossen, den Kleinbürgern kein Selbstbewußtsein vermittelten, gab ihnen Hitler eins mit vulgär linken Vorstellungen und kleinen Aufstiegsmöglichkeiten.* Diese ungeformte, molluskenhafte Schicht, sie war auch irritierend unbekannt, undurchschaut. In diese den Nationalsozialismus tragende, von Hitler missbrauchte Schicht hat Grass mit der *Danziger Trilogie* Einblick gegeben; er hat sie ins Panorama geholt, hat in rüder Wortlust, wüsten Bildern, provokanten Erfindungen die widersprüchliche Struktur in ihrer qualligen Undurchschaubarkeit kenntlich gemacht.

Das Außerordentliche der *Danziger Trilogie* war und ist, dass Grass sich, zurückblickend, nicht täuschen ließ und Selbsttäuschung nicht zuließ, sondern auf dem bestand, was tatsächlich war, vor allem auch in den Gemütern und Köpfen. Dies Simple, es setzt bekanntlich, soll es erkannt werden, eine außerordentliche Wahrnehmungsgenauigkeit und Phantasie voraus. Nicht die erstaunlichen Bilder, nicht das pandämoniumhaft Barocke und die groteske Phantastik der *Danziger Trilogie* an sich sind der Punkt, von dem aus sich zuletzt ihre Bedeutung, ihr Rang erklären. Sie waren und sind die unentbehrlichen Mittel, jene längst unvorstellbare Enge, jene schrecklichen Zwänge, jenen gespenstischen ideologischen Mief kenntlich zu machen, in dem zur erzählten Zeit jedermann vegetierte und sich wehrte, so gut er konnte. Die erstaunlichen Bilder waren und sind zugleich Mittel, etwas abzuräumen, dem anders nicht beizukommen war, sich aus einer Albtraumflut frei zu schwimmen, gegen die nur half, ihre Gespenster und Schemen zu zeigen und zu benennen.

Trommler für die «Es-Pe-De»

Ein Anarchist entscheidet sich

Das Erscheinen des Romans *Hundejahre* im Spätsommer 1963 war ein Höhepunkt – für Günter Grass, inzwischen 35 Jahre alt, der im selben Jahr in die Berliner Akademie der Künste aufgenommen wurde, aber auch für die literarische Öffentlichkeit in der Bundesrepublik und Westeuropas, ja der ganzen westlichen Welt. Plötzlich schien es wieder einmal in Ordnung zu sein – das meist schwankende Verhältnis zwischen literarischer Bedeutung und Breitenwirkung. Grass fesselte die Literaturkritik ebenso wie die Publikumspresse und auch schon die Lesermassen. Zwischen 1960 und 1966 erschienen Übersetzungen der Werke der *Danziger Trilogie* zügig in einem Dutzend europäischer Länder, in den USA und in Mexiko, teils auch in Polen und Jugoslawien, waren Übersetzungen in Vorbereitung bis hin nach Japan. Zugleich waren die Erwartungen, die in den noch immer jungen Schriftsteller Günter Grass gesetzt wurden, ganz außerordentlich hoch gespannt. So hoch und – was bezeichnender ist – inhaltlich schon so deutlich vorbestimmt, dass die Geschichte des Schriftstellers im folgenden Jahrzehnt, noch über das Erscheinen von *Aus dem Tagebuch einer Schnecke* hinaus, sich erzählen ließe als eine Geschichte enttäuschter Erwartungen.

Was viele seiner Bewunderer sich nicht vorstellen konnten, war, dass Grass die *Danziger Trilogie* nicht vor allem deshalb geschrieben hatte, weil er eine überraschende Erzählweise kreieren, einen literarischen Höhepunkt setzen, zukünftigen Germanisten Stoff liefern wollte. Das alles nahm er gewiss gern in Kauf. Aber die literarische Verdinglichung der Albtraumfluten war für ihn keineswegs Selbstzweck. Sie war das Medium, tatsächlich etwas abzuräumen, sich aus diesen Fluten freizuschwimmen. Grass wollte – was sich viele Jahre nachher freilich sehr viel leichter feststellen lässt – in all die schockierenden Bilder, die so viele Leser fesselten, nicht immer aufs Neue wieder eintauchen, er wollte sie tatsächlich loswerden. Die *Danziger Trilogie* war ja auch vor allem ein persönlicher, doch mit dem Anspruch auf Stellvertretung geführter mächtiger Befreiungsschlag.

Erst wer hiervon ausgeht, also rückblickend akzeptiert, dass Grass die Schemen, die Schrecken, die Schuld und die Leiden der Nazi- und Nachkriegsjahre zwar nie leugnen, aber sich mit der *Danziger Trilogie* doch auch aus der Abhängigkeit von ihnen befreien wollte, bekommt den Blick frei dafür, dass sein Werk, all den zeitabhängigen Protesten zum Trotz, seine Folgerichtigkeit und Kontinuität auch im Jahrzehnt nach dem Erscheinen der *Hundejahre* hatte. Indem Grass sich schreibend von den Monstern der Erinnerung freischwamm, hat er versucht, sich auf die Zeit, in der er lebte, fordernd einzulassen. Da hat er versucht, nach seinen Kräften und entsprechend seinen Erfahrungen und Überzeugungen der Gesellschaft ein Stück weiter von dem Abgrund wegzuhelfen, über dessen Rand sie mühsam wieder hochgekrochen war. Er sah darin eine Aufgabe, eine Pflicht.

Dass ebendies notwendig und mit praktischer Vernunft, ohne falsche oder übergroße Erwartungen voranzutreiben sei, kam Grass nicht über Nacht in den Kopf. Schließlich war er Mitglied der immer noch, wenngleich vage, auch politisch engagierten Gruppe 47. Schon 1961, im Jahr des Berliner Mauerbaus und der ersten Kanzlerkandidatur Willy Brandts, hatte Grass sich – zur Verwunderung von Hans Werner Richter, der einwandte: «Aber Du bist doch Anarchist!»[88] – bei einem Schriftstellergespräch, zu dem Brandt eingeladen hatte, bereit erklärt, dessen Wahlreden zu redigieren: *Ausgerechnet ich, der verrufene Autor der «Blechtrommel», war der einzige, der sagte: «Ich mache das.»* War er eben nicht doch weniger Anarchist als mit selbstkritischem Bewusstsein ein Kleinbürger? Schon 1961 hatte Grass ja auch in dem von Martin Walser herausgegebenen Taschenbuch «Die Alternative oder Brauchen wir eine neue Regierung?» seine Trommel gerührt und in Erinnerung an seine katholische Vergangenheit unter anderem geschrieben: *Doch nun zu euch, ihr arbeitsamen Klarissinnen, ihr klugen Ursulinen, ihr barmherzigen Vinzentinerinnen. Wie oft habe ich euch mit schwarzer Tusche, mit grauer Kohle gezeichnet und mit kühnen Worten bedichtet. Noch jüngst verkaufte ich ein Blatt, betitelt: «Dreizehn Nonnen mit Regenschirmen» an einen Säufer, Arzt und Gotteslästerer: der Mann besserte sich, will konvertieren und SPD wählen. Wie ist es mit euch, meine frommen Musen? Dürft ihr wählen? Ich glaube schon. Ihr habt doch Humor, Nonnenhumor: schlagt der Äbtissin ein Schnippchen, wählt SPD!*[89] Schon 1961 hatte Grass, am Tag nach dem Mauerbau, in einem offenen Brief an Anna Seghers unter Hinweis auf ihren *Traum vom Sozialismus und Kommunismus, den ich nicht träume, aber wie jeden Traum respektiere*, von der DDR-Schriftstellerin gefordert: *Sie mögen als schwache und starke Frau Ihre Stimme beladen und gegen die Panzer, gegen den gleichen, immer wieder in Deutschland hergestellten Stacheldraht anreden, der einst den Konzentrationslagern Stacheldrahtsicherheit gab; ich aber will nicht müde werden, in Richtung Westen zu sprechen: nach Deggendorf in Niederbayern will ich ziehen und in eine Kirche spucken, die den gemalten Antisemitismus zum Altar erhoben hat.*[90] Und zwei Tage später, am 16. August 1961, hatte er in einem offenen Brief an den DDR-Schriftstellerverband gemeinsam mit Wolfdietrich Schnurre geschrieben: *Wenn westdeutsche Schriftsteller sich die Aufgabe stellen, gegen das Verbleiben eines Hans Globke in Amt und Würden zu schreiben; wenn westdeutsche Schriftsteller das geplante Notstandsgesetz des Innenministers Gerhard Schröder ein undemokratisches Gesetz nennen; wenn westdeutsche Schriftsteller vor einem autoritären Klerikalismus in der Bundesrepublik warnen, dann haben Sie genauso die Pflicht, das Unrecht vom 13. August beim Namen zu nennen.*[91]

Ankündigungen, ja Versprechen sind in diesen Briefen enthalten, die Grass nicht vergessen hatte, als die *Danziger Trilogie* beendet war. Er ging daran, sie auszuführen. Eine Rede, 1964 in der Berliner Akademie zum 400. Geburtstag Shakespeares vorgetragen unter dem Titel *Vor- und Nachgeschichte der Tragödie des Coriolanus von Livius und Plutarch über Shakespeare bis zu Brecht und mir*, ließ eine der möglichen Wegrichtungen ahnen. Im Diskurs um die sich wandelnden Beziehungen zwischen Adel, Patriziern und Plebejern, zwischen den Klassen der Besitzenden und der Gesichtslosen, im Diskurs auch um ihrer aller Verhältnis zum Heldentum, vor allem aber um die Deutung dieser Beziehungen bei den verschiedenen Autoren und Dichtern findet Grass immer andere Argumente gegen Bertolt Brechts Coriolan-Bearbeitung und für eine weitere, aktuelle Variation des Stoffes: *Bertolt Brecht hat diese bis heute virulente Tragödie in den Jahren 1952 bis 1953 bearbeitet. In die Zeit der Bearbeitung fällt das fatale Datum: der siebzehnte Juni. Während sich Brecht, von Livius gestützt, den Kopf zerbrach, wie er Shakespeares nur mit Knüppeln bestückte Plebejer zu Beginn des Aufstandes schlagkräftiger bewaffnen könnte, erhoben sich, ungeprobt und unbewaffnet, die Bauarbeiter der Stalinallee, um gegen die erhöhten Normen zu protestieren wie dazumal die Plebejer gegen den unerschwinglichen Kornpreis. Hier findet sich der Anlaß zu einem Thea-*

Der 17. Juni 1953 am Potsdamer Platz

terstück, das heißen könnte: «Die Plebejer proben den Aufstand.» Ort der Handlung: eine Probebühne in Ostberlin. Jemand, der von seinen Assistenten und den Schauspielern als «Chef» bezeichnet wird, probt Coriolanus, die erste Szene, den Plebejeraufstand, und möchte verhindern, daß diesem Aufstand etwas traurig Lächerliches und Vergebliches anhaftet.[92] Vorstellbar, und Grass malt es vorausschauend aus für das Stück, das nun er schreiben will – vorstellbar, dass der reale Aufstand in das Theater des Chefs hineinschwappt, dass die Plebejer des 17. Juni 1953 seine Hilfe fordern. Wie reagiert der Chef? Ihm *kommt es darauf an, aus der Aktualität Nutzen zu ziehen für seine Coriolan-Inszenierung, für seinen Plebejeraufstand. Die Bauarbeiter sprechen von Ulbricht und Grotewohl; er spricht von den Volkstribunen Sicinius und Brutus. Die Arbeiter erläutern die Normenerhöhung; er betont, welche Rolle sizilianische Getreidelieferungen für Rom gespielt haben. Die Arbeiter zitieren ihn; er zitiert Shakespeare. Die Arbeiter berufen sich auf Marx; er beruft sich auf Livius. Die Arbeiter wollen ihn für den Aufstand gewinnen: er benutzt die Arbeiter für die Inszenierung des Plebejeraufstandes. Die Arbeiter sind unschlüssig und wissen nicht, wie sie sich weiterhin verhalten sollen; er, der Chef des Theaters, ist sich seiner Tendenz gewiß. Bei ihm siegen die Plebejer, während auf der Bühne des Theaterchefs, die den Aufstand der Bauarbeiter spiegelt, der Arbeiteraufstand zusammenbricht.*[93]

Grass plädiert absichtsvoll gegen die auch auf der Linken übliche rein ästhetische Sicht und Wertung der von Not bestimmten politischen Kämpfe, gegen ein bloß allgemeines, auf das eigene Werk fixiertes linkes Engagement, mag es abstrakt noch so gut begründet sein. Er plädiert gegen einen linken ästhetischen Egoismus, der sich immer schon im Voraus historisch gerechtfertigt weiß, während den realen Plebejermassen weiterhin der Weizen vorenthalten wird, sie unter Berufung aufs höhere Konkrete als konkrete Menschen allein gelassen werden. Der Chef, behauptet Grass indirekt, hätte mit auf die Straße gehen müssen, hätte sich dem schmutzigen Alltag, Ideen und Prinzipien hin und her, ohne ästhetische Rücksichten direkt stellen müssen. Nicht der Ideen und der Ästhetik und der Zukunft, sondern der Plebejer in Not wegen.

Im Wahlkampf

Bertolt Brecht hat sein Dilemma angesichts des 17. Juni empfunden und im Gedicht bekannt. Ob Grass es zutreffend interpretiert und Brecht zu Recht gescholten hat, ist schwer zu entscheiden; wohl eher nicht, wobei zu erinnern ist, dass im 1966 in Berlin uraufgeführten «deutschen Trauerspiel» *Die Plebejer proben den Aufstand* der Chef am Ende viel weniger eindeutig als in der Coriolan-Rede verurteilt ist. Jedenfalls: Grass für sein Teil gedachte es anders zu machen. Er jedenfalls wollte sich im politischen Alltag selbst stellen. Die kleinen Schritte, die möglichen kleinen Veränderungen zum Besseren, mehr Demokratie wagen – dafür machte Grass sich stark, deshalb zog er im Jahre 1965 für die SPD auf Wahlreise, deshalb erlebte er die damalige Wahlniederlage der SPD als seine eigene. Im gleichen Jahr 1965 wurde Grass in Darmstadt der Georg-Büchner-Preis überreicht, und er nahm diesen Anlass wahr, in einer furiosen Rede *Über das Selbstverständliche* seiner Enttäuschung Luft zu machen: *Das also war es: Zweiundfünfzigmal in volle Säle gepustet, damit sich der Staub nicht legt [...].*[94] Und weiter: *Georg Büchner gab mir den Freipaß: Sag es! Sei ein schlechter Verlierer!*[95] Grass klagte sein Engagement höhnisch auch bei den Mitliteraten ein: *Im Chor der Redner vermißte ich Stimmen. Wo sind die geblieben, denen vor Jahren noch das politische Dauer-Engagement einigen Nachtprogramm-Flair verliehen hatte? Wo, Alfred Andersch, hat Ihre beredte Entrüstung die Milch der Reaktionäre gesäuert? Wo, Heinrich Böll, hat Ihr hoher moralischer Anspruch die bigotten Christen erbleichen lassen? O, schöne Fiktion des freien, beziehungsweise vogelfreien, des unabhängigen, beziehungsweise von der Unabhängigkeit abhängigen Schriftstellers beziehungsweise Dichters!*[96] Schließlich vergaß Grass angesichts des Wahlsiegs von Ludwig Erhard und seiner Koalition auch nicht, den im Jahre 1965 schon zahlreicher werdenden radikalen Linken einzuheizen: *O, Ihr schmalbrüstigen Radikalen, denen Reformen zu langsam und widersprüchlich verlaufen. Ihr redet Revolutionen das Wort, die längst stattgefunden und sich selbst umgebracht haben, während die viel verlachten Reformisten, soweit sie die Revolutionen von links und rechts überlebten, unverdrossen hier ein bißchen verbessern, dort bebend aber immerhin das Recht verteidigend, ihr Programm den wechselnden Zeiten anpassen, also von Kompromissen gehemmt, unendlich langsam vom Fleck kommen und sich Sozialdemokraten nennen. Ihnen gehört mein Respekt. Ihre Niederlage ist meine Niederlage.*[97]

Günter Grass, der schlechte Verlierer, blieb bei seiner Sache. Sogar bei Landtagswahlkämpfen hat er sich in den folgenden Jahren engagiert. 1968 trat er auf dem Parteitag der SPD auf. 1969 nahm er an annähernd 200 Wahlkampfveranstaltungen als Redner teil, 1972 an ungefähr 130. Vor Wahlen für die SPD zu kämpfen, für eine soziale Demokratie, blieb seither ein bestimmender Faktor im Leben des Günter Grass. In den sich mit der Studentenrevolte immer revolutionärer gebärdenden sechziger Jahren hat er dabei die Konturen seines politischen Engagements sehr genau abgesteckt. Es war und blieb das Engagement eines Revisionisten. Als revolutionärer Wille an allen deutschen Universitäten und vielen Universitäten des westlichen Auslands die Wogen hochschlagen ließ, begann Grass seine Rede auf dem Belgrader Schriftstellerkongress im Jahre 1969, betitelt *Literatur und Revolution oder des Idyllikers schnaubendes Steckenpferd*, mit den Sätzen: *Meine Damen und Herren, um es vornweg zu sagen: ich bin ein Gegner der Revolution. Ich scheue Opfer, die jeweils in ihrem Namen gebracht werden müssen. Ich scheue ihre übermenschlichen Zielsetzungen, ihre absoluten Ansprüche, ihre inhumane Intoleranz. Ich fürchte den Mechanismus der Revolution, die sich als Elixier für ihre Anstrengungen die permanente Konterrevolution erfinden mußte: von Kronstadt bis Prag scheiterte die Oktoberrevolution militärisch erfolgreich, indem sie die überlieferten Herrschaftsstrukturen restaurierte. Revolutionen ersetzten Abhängigkeit durch Abhängigkeit, lösten den Zwang durch den Zwang ab.*[98]

Es lässt sich gewiss von Revolution auch anders sprechen, ohne dabei sogleich in die pure Illusionistik zu verfallen; immerhin war da ja einmal auch die bürgerliche Revolution, ohne deren Errungenschaften es Demokratie nicht gäbe. Der Begriff von Revolution aber, den Grass hier voraussetzte, der Standpunkt, den er einnahm, sie haben jedenfalls Hand und Fuß. Und Grass wusste, der revolutionären Illusionistik drastisch und mitleidlos heimzuleuchten: *Während der vergangenen drei Jahre sind die Wortführer revolutionärer Veränderungen nie auf die Idee gekommen, zum Beispiel die Industriemesse in Hannover zu sprengen, wohl aber die Frankfurter Buchmesse zur Bastille zu erklären. Ich will mich nicht an Details aufhalten und etwa untersuchen, ob die Erstürmung eines*

«Die Veranstaltung also war gerettet. Sie wurde doch noch zu einem Erfolg, wie alle Veranstaltungen mit Günter Grass eigentlich Erfolge sind. Er ist da: eine Stimme, die Gewicht hat, die für viele zählt und Kreise zieht. Die anderen kommen dann schon von selber, oder sie haben eben etwas versäumt, was wichtig war. Im Saal an den langen Tischen der Diskutanten bildet er einen deutlichen Schwerpunkt, obwohl er nicht dazu beiträgt. Er sitzt da wie alle anderen, aufmerksam, locker, einer von vielen. Wenn er seinen Diskussionsbeitrag spricht, tritt eine Stille ein, die stiller ist, als wenn andere im Saal sprechen. Fraktionsvorsitzende sehen gespannt auf. Präsidenten nicken zustimmend mit dem Kopf. Staatssekretäre hören scharfohrig zu. Man spürt nicht nur Respekt, sondern fast einen Hauch von Autorität. Sie akzeptieren ihn, den deutschen Schriftsteller. Wo gab es das je zuvor? Ein Wappentier der Poesie – ist er das für Minister?»

Horst Krüger, «Die Zeit» vom 25. April 1969

Mit Heinrich Böll und Willy Brandt, 1970

kalten Büfetts geeignet ist, die Massen auf die Machtkonzentration des Spätkapitalismus aufmerksam zu machen. Auch die betrübliche Feststellung, daß die überlieferte, vormals rechtsgerichtete deutsche Studentenlust, ein paar flotte Jahre lang den Spießer ärgern zu wollen, nun in linke Kostüme geschlüpft ist, ist nur ein Symptom mehr für den pseudo-revolutionären Charakter einer modischen Bewegung, die am Ende nur eins offenbar gemacht hat: wie zerstritten die radikale Linke insgesamt ist und wie blind sie sich der Alternative stellt: dem mühsam langfristigen Versuch, die Republik endlich beginnen zu lassen.[99]

Die Republik endlich beginnen zu lassen, die Basis der Vernunft um einige Fußbreit zu erweitern, für soziale Gerechtigkeit und die Menschenrechte aller demokratisch, also im Kampf um Stimmen einzutreten, sich dabei von Idolatrien und Idealisten nicht verwirren zu lassen: Zu Reagans Zeiten erschienen diese Standpunkte und die Folgerungen aus ihnen schon fast als linksextrem, Ende der sechziger Jahre, mitten unter den revolutionären Studenten galt der solide Revisionismus als simpel rechts. Grass hat es büßen müssen. Er ist damals immer wieder angegriffen, als Verräter beschimpft worden. Er lernte kennen, was öffentliche Ablehnung, was Misserfolg bedeuten, obgleich selbst rüde Attacken eines zu keiner Zeit zustande brachten: Günter Grass aus dem Bewusstsein der Öffentlichkeit zu verdrängen.

Einübung ins Geschick des Sisyphos

In dem Aufsatz *Über meinen Lehrer Döblin* hat Günter Grass festgestellt, Döblin sehe *Geschichte als absurden Prozeß* [100], und dann wenig später geschrieben: *Döblin wagte es, mit seinen Widersprüchen zu leben. Der bis heute fleißig geübte Modetanz des Sichdistanzierens war nicht seine Bewegungsart. In unzähligen Aufsätzen hat er der sozialen Demokratie das Wort geredet. So sehr er in Marx' Schriften die «klare, historische und ökonomische Durchdringung der Realität» bewunderte: der Marxismus des 20. Jahrhunderts war für ihn nur noch die Lehre eines schroffen Zentralismus, die Lehre der Wirtschaftsgläubigkeit und des Militarismus. Der Kassenarzt im Berliner Osten bekannte, er gehöre weder einer deutschen noch einer jüdischen Nation an; seine Nation sei die der Kinder und Irren. Also ein Menschenfreund und Phantast? Ein produktiver Spinner? Ein aktiver Sozialdemokrat, der in seiner epischen Dichtung «Manas» ein mystisches Indien besingt? Was war er noch?* [101] Es lässt sich anfügen die Frage: Hat Grass auch von diesem allen bei Döblin gelernt?

Günter Grass, alles andere als ein Hegelianer, begreift Geschichte wie Döblin als absurden Prozess. Dennoch hält er Vernunft für real, hält er es für möglich, dass sie trotz allem nicht von vornherein zum Scheitern verurteilt sei, dass bei vorsichtigem Schneckentempo die Leute für sie zu gewinnen seien. Auch Grass redet der sozialen Demokratie das Wort. Doch ist er, der 1945 oder 1946 jedem Idealismus gründlich abgeschworen hat, schon irritiert – auch wenn er nicht unbedingt aufbegehrt –, sobald sich in einem Zusammenhang die Wendung «demokratischer Sozialismus» herausschält. Eine reine Lehre, ein System des Richtigen und Wahren gibt es in seinen Augen nicht, solches vorzugeben, hält er für gefährlich. Von Revolutionen erwartet er nur Schlimmes, nur Rückfälle. Dem realen Sozialismus mit dem Ziel Kommunismus begegnet er mit äußerstem Misstrauen. Das Gedicht *Der Delphin*, gewidmet dem Apostel Paulus und Peter Weiss und 1967 erschienen in dem Band *Ausgefragt*, lautet:

Ich, gelehrig, sah im Sprung meinen Lehrer:
den Konvertiten hinter dem Mikrophon.
Hörte ihn abschwören und zerlachte ihm seine Beichte.
Schülergelächter, Delphinengelächter.
Er stülpte sich um, lächerlich um:
Damals war ich, heute bin ich.
Doch als er altbackenen Kuchen erbrochen
und frische Semmel getischt hatte,
als Saulus, gleich nach der Häutung,
in mir, – ich sprang! –
den belehrbaren Delphin entdeckte,
als ich dran glauben sollte, dran glauben sollte,
säuerte Angst mein Gelächter:
ich sicherte den Ausgang,
tauchte und schwamm mich frei.[102]

Unter vorherigen politischen Freunden hat dieses Gedicht Grass manche Feinde gemacht. Grass wollte und will nicht *dran glauben*, und Glaube links gilt ihm so viel wie Glaube rechts. Propheten sind ihm zuwider, er setzt auf Milch und Brot – Weizen für die Plebejer. Vernunft und soziale Demokratie sind ihm, so scheint es, etwas, das von den Leuten abhängt so wie sie sind. Deshalb setzt er aufs *Stimmenzählen*, rät er, *Es-Pe-De zu wählen.*[103]

Wenn Geschichte ein absurder Prozess ist, kann dann Vernunft geschichtlich überhaupt etwas bewirken? Prinzipiell ist das gewiss hoffnungslos. Grass aber behauptet: Dennoch ja, wenn möglichst viele Leute für etwas Vernunft zu gewinnen sind. Mit äußerstem Misstrauen achtet er darauf, dass solchen Dilemmas wegen nicht der Geschichte selbst eine Vernunft unterlegt wird, die sie nicht hat. Er kann an Systeme nicht glauben, sie widersprechen all seiner Realitätserfahrung, und sie machen ihm Angst. Aber er besteht darauf, so absurd es auch ist, skeptisch Vertrauen in die Leute zu setzen.

Diese in sich zweifellos widerspruchsvolle Position hat Günter Grass in den Jahren zwischen dem Erscheinen der *Hundejahre* und dem Erscheinen von *Aus dem Tagebuch einer Schnecke* zu klären und zu festigen versucht, und nicht nur in seinen zu dieser Zeit besonders zahlreichen Aufsätzen, Reden und Wahlreden. Das «deutsche Trauerspiel» *Die Plebejer proben den Aufstand* (1966) demonstriert das Versagen des ästhetischen Rigorismus vor politischer Realität, und wenn es auch Bertolt Brecht in seinem Kern nicht traf, so doch manche *Söhne aus zu gutem Hause*[104], die dann auch empört aufschrien. Im Gedichtband *Ausgefragt* (1967) ließ Grass *Zorn Ärger Wut* angesichts einer in seinen Augen ganz irrealen revolutionären Euphorie freien Lauf, demonstrierte er, dass er jedenfalls im Gedicht seine politische Position zugreifend zu artikulieren vermochte, dass seine theoretisch widersprüchliche Position im Gedicht – *Das Ungenaue genau treffen*[105] – ihren Realitätsgehalt unabweislich verdeutlichte, bis hin zu Zeilen wie diesen:

Immer noch werden Proteste zur Kenntnis genommen
und – auf Verlangen – im Protokoll erwähnt.
Es liegt ein Antrag auf Unterlassung vor:
Nie mehr soll ohne Macht protestiert werden.
Stimmlos, weil nicht beschlußfähig,
vertagen wir uns auf morgen.[106]

Äußerst reserviert nahm die literarische Öffentlichkeit 1969 das Stück *Davor* und den Roman *örtlich betäubt* auf, die beide ein und denselben Stoff verarbeiten. Tenor der Reaktionen: Günter Grass komme neuerdings an Günter Grass nicht mehr heran. «Auch ihn, den nicht zufällig und nicht zu Unrecht berühmtesten Dichter des heutigen Deutschland», befand der Kritiker Marcel Reich-Ranicki in der «Zeit», «haben die sechziger Jahre gewandelt, geschwächt vor allem und vielleicht sogar gelähmt.» Wieder einmal hieß es, allzu handfestes politisches

Engagement schade eben doch dem literarischen Können, wobei zu betonen ist, dass es eher Gesinnungsfreunde waren, die in den großen Blättern ihre Enttäuschung publizierten.

Es steht wohl tatsächlich so, dass Stück wie Roman ziemlich problematisch sind, dass vor allem der Roman *örtlich betäubt* innerhalb des Werkes von Günter Grass eigenartig quer liegt. Es ist allerdings möglich, andere Schlüsse daraus zu ziehen als den, Grass zeige sich hier seinen eigenen früheren Ansprüchen nicht mehr gewachsen. Stoff und Thematik des Romans waren bei seinem Erscheinen zum Teil schon geläufig durch die Uraufführung des Theaterstücks *Davor*. Hauptfigur ist allerdings nicht, wie im Stück, ein Gymnasiast namens Philipp Scherbaum mit seinem Plan, aus Protest gegen den Vietnamkrieg seinen Dackel öffentlich zu verbrennen, sondern ein Mann um die vierzig mit dem Namen Eberhard Starusch und dem für deutsche Geisteszustände so exemplarischen Beruf eines Studienrats für Deutsch und Geschichte. Auch dessen Zahnschmerzen, die den Romantitel motivieren, haben weit eindeutiger eine Hauptrolle als im Stück, ebenso wie der Zwang, mit Tabletten und örtlich betäubt zu leben.

Örtlich betäubt absolviert Starusch vor dem Fernsehschirm, der in der Zahnarztpraxis zur Ablenkung aufgestellt ist, einige Vergangenheitsbewältigung ohne rechten Zusammenhang und Sinn. Örtlich betäubt diskutiert er, fasziniert und besorgt zugleich, den Plan des Schülers Scherbaum. Diskutiert er mit seinem fachidiotischen Zahnarzt, der ehemaligen BDM-Führerin und jetzigen Kollegin Irmgard Seifert und der für Mao agitierenden Schülerin Vero Lewand. Heraus kommt bei dem allen nichts von Wichtigkeit, nur ein Vernünfteln und Lamentieren, dem schließlich nicht einmal zu verdanken ist, dass Scherbaums Dackel überlebt. *örtlich betäubt* erwies sich als ein Roman der Vierzigjährigen, einer Generation, die sozusagen eben dabei war, ihre Zähne zu verlieren, die sich – abhängig geworden von schmerzstillenden Mitteln – für das Erreichbare entschieden hatte. Gleichsam für die SPD. Darin zeigte sich jedoch für Grass offenbar nicht ausschließlich Schwäche, sondern zugleich etwas wie Vernunft und ein allgemeiner Zustand, der auch die Jüngeren angeht. Die wissen es nur meist noch nicht.

Sex kommt lediglich ganz am Rande vor. Starusch gibt seinem Zahnarzt sogar Gelegenheit zu mutmaßen, seine Schwierigkeiten ließen sich zurückführen auf Schwäche in dem einen gewissen Punkt. Und wem dabei die potenzprallen Donnerwetter der früheren Romane von Grass vor Augen schwebten, der mochte sich nun unversehens zu einem Analogieschluss verführt finden, der das Unbehagen am Stoff, an der vorgeführten, als Bild gesellschaftlich durchaus relevanten örtlichen Betäubung zurückzuführen erlaubte auf Potenzverlust beim Autor als Autor, auf literarischen Potenzverlust. Viele Vergleiche mit der *Blechtrommel* hatten vermutlich hier ihre unbewusste Basis. Reich-Ranicki befand, «dass der artistische, der unmittelbar erzählerische Impuls, dem er (Grass) in seinen früheren Romanen allzu bereitwillig nachgegeben hatte, hier ganz und gar fehlt»[107]. Und die Sprache betreffend: «Was einst drall und deftig war, ist jetzt dünn und dürftig.»[108] Dieserlei Vergleiche aber sind nicht schon deshalb weniger fragwürdig, weil sie immer noch allgemein üblich sind.

Tatsächlich steht es wohl so, dass Grass in *örtlich betäubt* das Dralle und Deftige, die Groteske, die große Oper, das Pandämonium bewusst vermieden hat, um die Notwendigkeit zu demonstrieren, die alltäglichen Widersprüchlichkeiten, das Schale und fatal Vorgefertigte seines Stoffes unverfälscht als es selbst zu sehen. Dies nämlich macht seinen Stoff gerade aus. Ganz folgerichtig besteht der Roman zur Hauptsache aus vorgefundenem redensartlichem Sprachmaterial, wie es die Umwelt halbwegs informierter und politisch einigermaßen interessierter Mittelständischkeit anbietet. Dieses Material, in dem sich gegebenes Denken und Verhalten abbilden, ist zu einer Collage arrangiert, wobei konventionelle Organisationsmuster beibehalten worden sind. Grass hat versucht, darin die Realität und Relativität des tatsächlich jedenfalls dominierenden gesellschaftlichen Zustands sichtbar zu machen. Er ist dabei nicht völlig konsequent, was der Vergleich mit den Ergebnissen entwickelter Collage-Techniken ohne Weiteres zeigt. Aber es mag sein, dass die Grass'sche Mischform, die um der direkten Wirkungen willen vielerlei Halbheiten einschließt, der Verbreitung der Erkenntnis solcher Realität dienlich ist. Das ist dann auch literarisch von Belang. Und so angesehen ist *örtlich betäubt* ein Roman, der vor allem demonstrierte, dass Günter Grass jedenfalls nicht zum Gralshüter seines Ruhms erstarrt war. Er war fähig geblieben, wieder ganz neu anzufangen, sich vorbehaltlos auf die Risiken des Schreibens einzulassen. Dass *örtlich betäubt* ein problematischer Roman ist, lässt sich also durchaus als ein Vorzug auslegen. Wenn verdeutlicht und anerkannt ist, was Grass zu ihm getrieben hat, dazu, des Stoffes, der exemplarischen Auseinandersetzung mit gegenwärtiger Erfahrung wegen mit großem Risiko eine für ihn neue Erzählart herauszuarbeiten, zieht gerade dieser Roman Sympathie auf sich.

Ähnliches gilt für *Aus dem Tagebuch einer Schnecke*, ein Buch, das wohl deshalb wieder mehr Zustimmung als *örtlich betäubt* fand, weil seine Verknüpfung von Erfahrungsbericht, Selbsterkundung, Reflexion und Erfindung zu einem entschiedenen, dennoch melancholischen Plädoyer für das Erreichbare ganz subjektiv begründet war und offen blieb. Wahlkämpfer Grass erzählt seinen vier heranwachsenden Kindern von seinen Wahlreisen, seinen Plänen, Erlebnissen und Gedanken in der Zeit zwischen Gustav Heinemanns Wahl zum Bundespräsidenten und dem 28. September 1969, dem Wahltag, der die sozialliberale Koalition ermöglichte. Grass erzählt von sich selbst, um seine Einsicht zu verdeutlichen, dass reale Fortschritte aller Art immer nur im Schneckentempo erreicht werden. Er erinnert zugleich an die Verfolgung und Vertreibung der Danziger Juden, und hier kommt er ins Fabulieren, erfindet die Figur des Studienassessors Hermann Ott, der bei seinen Schülern *Zweifel* heißt, der ein Schneckensammler und -experte ist und den Krieg in einem Keller überlebt. Schluss- und Höhepunkt des Buches ist dann die noch immer direkt packende Rede, die Grass in Nürnberg zum Dürer-Jahr 1971 gehalten hat, nämlich über Dürers Kupferstich «Melancolia I». Titel dieser Rede: *Vom Stillstand im Fortschritt*, und ihr Inhalt: der Versuch, auch die Melancholie *den Wissenden, der führenden Elite, den Inhabern der Macht* [109] zu entreißen, die sie gern ganz allein für sich beanspruchen, und ein Recht auf sie gerade den *Vielbeschäftigten in der Tretmühle Vernunft* [110] zuzusprechen: *Ich spreche für die Melancholie. Ich habe sie in Variationen von heute sein lassen, damit sie uns nicht mehr fremd und verdächtig, damit sie uns gegenständlich ist. Nur wer den Stillstand im Fortschritt kennt und achtet, wer schon einmal, wer mehrmals aufgegeben hat, wer auf dem leeren Schneckenhaus gesessen und die Schattenseite der Utopie bewohnt hat, kann Fortschritt ermessen.* [111]

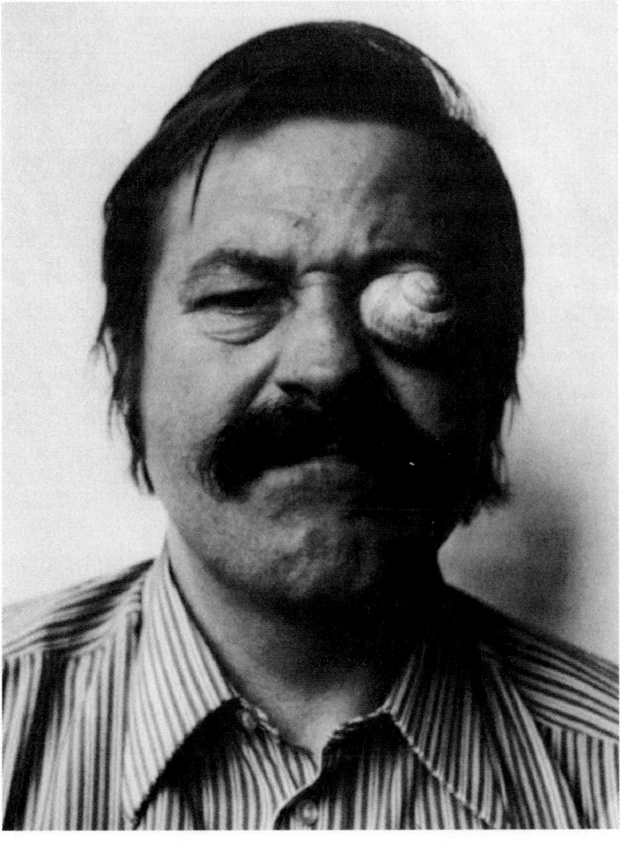

Mit *Aus dem Tagebuch einer Schnecke* war erneut eine Strecke ausgeschritten, war etwas erreicht, vielleicht ein Kreis geschlossen. In den Jahren zwischen dem Erscheinen der *Hundejahre* und dem Erscheinen dieses Buches hat Günter Grass die politische Rolle des Schriftstellers in einer parlamentarischen Demokratie fortgeschrieben, hat er ihr neue Möglichkeiten entworfen, die sich dem öffentlichen Gedächtnis eingeschrieben haben und so leicht nicht wieder verschüttet werden können. Schon deshalb hat es Sinn, dass Grass sich als Schriftsteller so in Frage gestellt, so krass den Anfeindungen und dem Scheitern ausgesetzt hat wie in dieser Zeit. Es ist, so zeigt der

Mit Walter Jens

Mit Siegfried Lenz und Willy Brandt beim SPD-Bundesparteitag 1977 in Hamburg

Rückblick, in all seiner unbezweifelbaren Widersprüchlichkeit und Umstrittenheit ein zentraler Aspekt seiner literarischen Existenz selbst. Dass Grass auch seine Schreibarbeit am Kampf um das im Interesse sozialer Demokratie Erreichbare orientiert hat, war durchaus eine Konsequenz aus seinem Entwurf der *Danziger Trilogie*, mit der er sich ja *freischwimmen*, von etwas befreien wollte, ohne es aus seiner Erinnerung zu tilgen, vielmehr um es unvergessbar zu machen. Die Bundesrepublik und West-Berlin aber, sie waren in seinen Augen kein Orkus und keine Hölle. Sie bereiteten ihm Sorgen, doch keine Albträume. Rechtsstaatlichkeit und die noch unvollendete soziale Demokratie forderten vielmehr, um sie fortzuentwickeln, konkretes Engagement. Gerade in dieser umstrittenen Phase, auf der Suche in jedenfalls in Deutschland literarisch unwegsamem Gelände verdeutlicht sich jene Kontinuität, die Grass zu dem Schriftsteller, zu der Person hat werden lassen, die er ist.

Wie alle Angehörige seiner Generation hat Grass gegen sämtliche Erfahrungen Politik erst lernen müssen. Das forderte alle Kräfte, da ja auch die Wiederannäherung der Literatur an eine Politik, die nicht bloß eine Philosophie war, sondern tatsächlich Tag für Tag mit Folgen für die Einzelnen wie die Gesellschaft praktizierte Politik selbst, erst noch erprobt werden musste. *Aus dem Tagebuch einer Schnecke* war das abschließende Dokument dieser Erprobung. Grass hat seither sein Engagement nicht kleiner geschrieben, doch nicht mehr so spektakulär an die Öffentlichkeit gebracht. Immer wieder ist er in Wahlkämpfe gezogen. Mit Heinrich Böll und Carola Stern hat er die Zeitschrift «L '76», später «L '80» begründet als Forum einer langfristigen Auseinandersetzung über das Verhältnis von Demokratie und Sozialismus und der Proklamation eines kulturellen Wachstums. Er hat sich für die Friedensbewegung eingesetzt und auf einer Autorentagung in Heilbronn aufgerufen, den Widerstand zu lernen. Er hat schließlich einsehen müssen, dass die militärisch-industriellen Komplexe in West und Ost Realitäten hervorgebracht haben, vor denen auch die Schnecke Fortschritt keine Hoffnung mehr lässt. Dies alles und mehr aber spielte sich nunmehr ab im Kontext einer ihrer selbst bewussten Zeitgenossenschaft, in der eindeutig wieder der Erzähler, Gedichteschreiber, Künstler in den Vordergrund trat.

«Warum ich und nicht Grass?»

Heinrich Böll 1972, als er erfuhr, dass ihm der Nobelpreis für Literatur zugesprochen worden war.

Märchen erzählen für heute

Der Großschriftsteller als Volksschriftsteller

Also gut: über mich. Ich gebe kein Bild ab. Vor allen anderen Blumen gefällt mir die hellgraue, das ganze Jahr über blühende Skepsis. Ich bin nicht konsequent. (Sinnlos, mich auf einen Nenner bringen zu wollen.) Meine Vorräte: Linsen, Tabak, Papier. Ich besitze einen schönen leeren Rezeptblock.

Außer Geschichten und Geschichten gegen Geschichten erzählen, kann ich Pausen zwischen halbe Sätze schieben, die Gangart verschieden gearteter Schnecken beschreiben, nicht Radfahren, nicht Klavierspielen, aber Steine (auch Granit) behauen, feuchten Ton formen, mich in einen Wust (Entwicklungspolitik, Sozialpolitik) einarbeiten – und ganz gut kochen (auch wenn ihr meine Linsen nicht mögt). Ich kann mit Kohle, Feder, Kreide, Blei und Pinsel links- und rechtshändig zeichnen. Daher kommt es, daß ich zärtlich sein kann. Ich kann zuhören, weghören, voraussehen, was gewesen ist, denken, bis es sich aufhebt, und – außer beim Aufdröseln von Bindfäden und scholastischen Spekulationen – geduldig bleiben.

Doch das ist sicher: lachen konnte ich früher besser. Manches verschweige ich: meine Löcher. Manchmal bin ich fertig allein und möchte in etwas weich warm Feuchtes kriechen, das unzureichend bezeichnet wäre, wenn ich es weiblich nennen wollte. Wie ich mich schutzsuchend erschöpfe.[112]

So hat Günter Grass im *Tagebuch einer Schnecke* in Worten sich selbst dargestellt und sich im Weiteren schmerzempfindlich genannt und zerstreut. Er sei einer, der zeichnet, was übrig bleibt. Damals hieß das: *Neuerdings zeichne ich Schneckengehäuse und Schnecken im Gegenverkehr.*[113] Bald aber schon zeichnete Grass mit besonderer Vorliebe Plattfische.

1972 wurde Grass 45 Jahre alt: Zeit, Folgerungen zu ziehen, sich erneut umzusehen, noch einmal Anlauf zu nehmen.

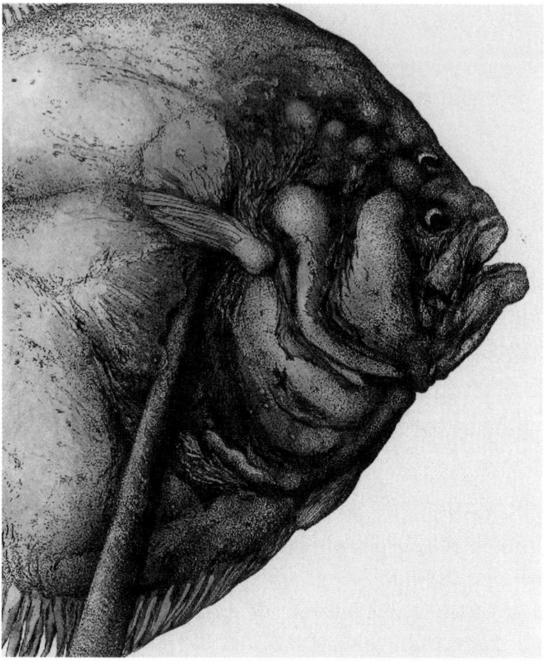

Großer
Butt, 1977

Viel beschäftigt, viel unterwegs, von vielen befragt, weiterhin redend und redend, hat Grass ganz langsam begonnen, eben das zu tun. Er ließ sich Zeit. Er zeichnete. In den folgenden fünf Jahren hat Grass nur einige Gedichte, die Sammlung *Der Bürger und seine Stimme* mit überwiegend bis 1972 verfassten Reden, Aufsätzen und Kommentaren und vereinzelt neue Aufsätze publiziert. Dann aber, im August 1977, erschien *Der Butt.* Wohl bekannt und dennoch neu und anders in seinem Zugriff war er wieder da, der Erzähler Günter Grass, mit einem der wohl erfolgreichsten Romane, die in den siebziger Jahren auf dieser Welt geschrieben worden sind. Innerhalb weniger Tage katapultierte sich das wieder einmal viele hundert Seiten dicke Buch auf den ersten Platz der Bestsellerlisten und besetzte ihn auf viele Monate. Wieder einmal machten sich Übersetzer in aller Welt ans Werk. Und schon bald wussten Hunderttausende von Romanlesern, Millionen Leser von Zeitungen und Magazinen, was die Hauptbeschäftigung des Günter Grass in den vorangegangenen fünf Jahren gewesen war.

Hatte er in der *Danziger Trilogie* Oskar Matzerath, Pilenz, dann Brauxel, Harry Liebenau und Walter Matern als Erzähler vorgeschoben, in *örtlich betäubt* dem Studienrat Eberhard Starusch das Wort gelassen, im *Tagebuch einer Schnecke* gleichsam probeweise zwischen Berichten und Reflexionen auch selbst direkt erzählt, so lässt Grass im *Butt* Autor-Ich und Erzähler-Ich erstmals ganz vorbehaltlos ineinander gleiten. Und doch gelingt es ihm, sich sogleich der Gefahr wieder zu entziehen, nun etwa nur noch als Individuum, als bürgerliches Ich beim Wort genommen zu werden. Mühelos multipliziert Grass, nachdem er sich als Icherzähler eingeführt hat, sein Ich in die Geschichte hinein, besteht er darauf, viele Menschen auf einmal und deshalb auch einer unter vielen zu sein. Und dies sogar in den zahlreich eingestreuten Gedichten, die im *Butt* gewiss ihre Funktionen haben – keinesfalls aber die, einem lyrischen Ich Ausdruck zu ermöglichen. Es geht um Schwerwiegenderes. Es geht um Menschheitsgeschichte. Es geht um das Fressen, das vor der Moral kommt, und um die Fortpflanzung, also um zwei Grundtatsachen menschlichen Lebens. Folglich geht es auch um die Beschaffung und Zurichtung der Nahrung, um Jagd, Fischfang, Anbau, Handel und das Kochen, um Verdauung, Ausscheidung und den Beischlaf, aber auch um Macht und Politik, auch um Rolle und Macht der Frauen in der Geschichte, um die Emanzipation der Männer wie der Frauen – aber wovon?

Ilsebill salzte nach. Bevor gezeugt wurde, gab es Hammelschulter zu Bohnen und Birnen, weil Anfang Oktober. Beim Essen noch, mit vollem Mund sagte sie: «Wolln wir nun gleich ins Bett oder willst du mir vorher erzählen, wie unsre Geschichte wann wo begann?» [114] So beginnt *Der Butt.* Und der Erzähler in seiner der Gegenwart und dem Leser nächsten Erscheinungsform, er nimmt sich, nachdem gezeugt ist, die neun Monate bis zur Geburt des Kindes Zeit, um Ilsebill seine, des Mannes, Geschichte zu erzählen, wozu er *die Köchinnen in mir (neun oder elf)* [115] austragen und her-

Kaltnadelradierung, 1979

auslassen muss – *sie wollen raus alle neun oder elf und von Anfang an namentlich da sein.* Die älteste hieß Aua, hatte drei Brüste und lebte als Matriarchin Ende der Steinzeit im Land der Weichselmündung. Und damals schon begann das Glück oder Unglück der Männer: Ein Butt ließ sich vom Erzähler in seiner damaligen *Zeitweil* fangen, ein Butt, der nicht einfach nur ein Plattfisch war, sondern eine Art Weltgeist mit Flossen, ein Butt, der sprach. *Der Butt gab Auskunft. Von Anfang an belehrend, mit allwissender Überlegenheit und deshalb, trotz seiner kategorischen Punktumsätze, geschwätzig näselnd, professoral, wie von der Kanzel herab abkanzelnd oder penetrant väterlich: Er habe mit mir ins Ge-*

spräch kommen wollen.[116] Sein Angebot: Dem Steinzeitfischer, *dem durch totale Weiberfürsorge kindlich gehaltenen Mann*[117], allen Männern wollte er heraushelfen aus ihrer Abhängigkeit. Und immer werde er auftauchen und Antwort geben, wenn er gerufen werde. Zum Nutzen des Mannes. Die Geschichte zeigt, was alles seitdem geschehen ist, mit all ihrem Mord und Totschlag.

Mit dem Bedürfnis, alle die *neun oder elf* Köchinnen in ihm herauszulassen, ist es also nicht genug: Der Erzähler hat auch noch die Geschichte vom Butt auf dem Herzen, der ihm noch immer einflüstert, obwohl die schreckliche Männergeschichte dem Fisch dann nach und nach zu grauslich wurde und er sich, der Männersache überdrüssig, zeitweilig ganz ins Märchen flüchtete. Inzwischen hat er sich entschieden: *Und stell dir vor, Ilsebill, kürzlich ließ mich der Butt wissen, daß er sich demnächst den Frauen und ihrer Anklage stellen will. Indem er die Grimmsche Verfälschung seiner Legende verdammte, sagte er: «Dieses Märchen muß endlich vom Tisch!»*[118] Die Frauen aber, Emanzen wie sie im Buch stehen, sie schleppen, nachdem sie ihn eingeholt haben, den Butt vor ihr Tribunal und machen ihm den Prozess.

So etwa hat Grass im Roman *Der Butt* die Weichen gestellt, um sich den gewaltigen, die ganze Menschheitsgeschichte umfassenden Stoff verfügbar zu machen. Und seine gewiss manieristische Konstruktion, sie lässt die verschiedenen Ebenen des Romans ganz locker und doch schlüssig ineinander spielen. Erzählt wird in neun Kapiteln, von denen jedes einem Monat der Schwangerschaft von des Erzählers derzeitiger Ilsebill zugeordnet ist. Erzählt wird der Ablauf der von den Frauen geführten Gerichtsverhandlung in Sachen Butt. Der Erzähler, hierbei nur geduldeter Zuhörer, ist zugleich fähig, sich – überheblich und demütig und ironisch – in jedem beliebigen Zeitalter zu inkarnieren. Er hat die ganze Geschichte seit der Jüngeren Steinzeit miterlebt, war immer dabei, als die *neun oder elf* Köchinnen in ihm, stets in Danzig und Umgebung, das Ihre erlebten und taten: zur Stein- und dann schon zur Eisenzeit, zur Zeit der Bekehrungen zum Christentum und weiter und weiter bis hin zu den Zeiten des in Danzig gestorbenen Barock-

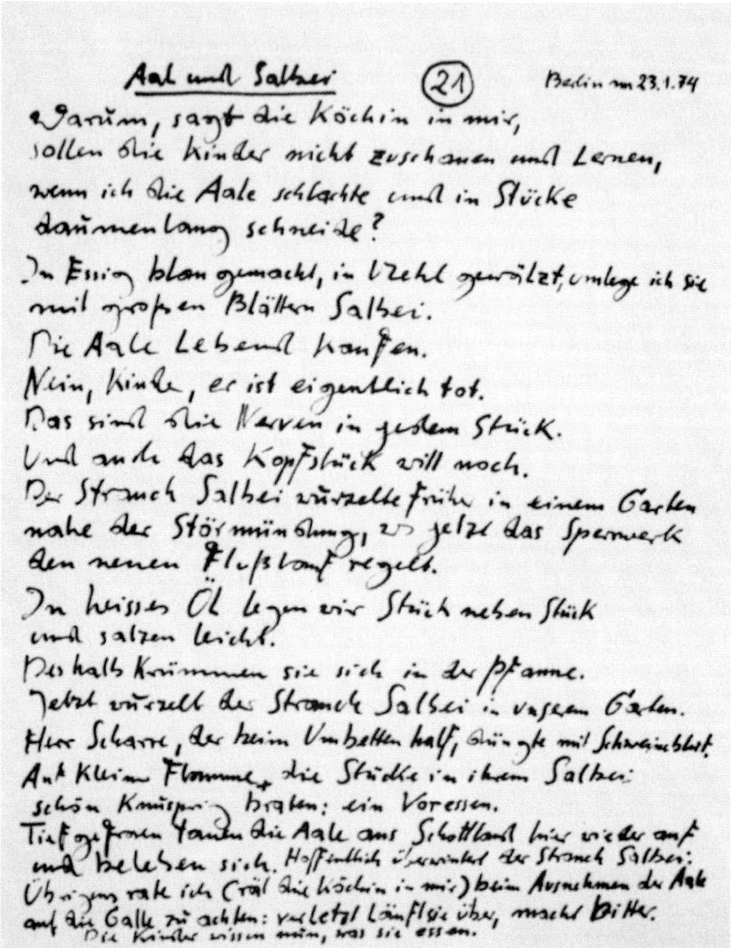
Aal und Salbei (21) Berlin am 23.1.74
Warum, sagt die Köchin in mir,
sollen die Kinder nicht zuschauen und lernen,
wenn ich die Aale schlachte und in Stücke
daumenlang schneide?
In Essig blau gemacht, in Mehl gewälzt, umlege ich sie
mit großen Blättern Salbei.
Die Aale lebend kaufen.
Nein, Kinder, er ist eigentlich tot.
Das sind die Nerven in jedem Stück.
Und auch das Kopfstück will noch.
Der Strauch Salbei wurzelte früher in einem Garten
nahe der Störmündung, wo jetzt das Sperrwerk
den neuen Flußlauf regelt.
In heisses Öl legen wir Stück neben Stück
und salzen leicht.
Deshalb krümmen sie sich in der Pfanne.
Jetzt wurzelt der Strauch Salbei in unserem Garten.
Herr Scharre, der beim Umbetten half, düngte mit Schweineblut.
Auf kleiner Flamme, die Stücke in ihrem Salbei
schön knusprig braten: ein Voressen.
Tiefgefroren fanden die Aale aus Schottland hier wieder auf
und beleben sich. Hoffentlich überwintert der Strauch Salbei:
Übrigens rate ich (rät die Köchin in mir) beim Ausnehmen der Aale
auf die Galle zu achten: verletzt läuft sie über, macht bitter.
Die Kinder wissen nun, was sie essen.

Aus der Handschrift «Der Butt»

dichters Martin Opitz, von August Bebel und schließlich der Umwandlung von Danzig in Gdansk. Es entfaltet sich ein anfangs eng geknüpftes, dann sich weitmaschiger ausziehendes, manchmal auch etwas durchhängendes Netz, das jedenfalls fest genug gewirkt ist, um den Fang, den menschheitsgeschichtlichen Stoff zu halten. So überdimensional der Stoff ist in der Spannung zwischen Küchendünsten und dem Weltgeist selbst, zwischen gelebtem Augenblick mit Hunger und Sättigung, Lust und Überdruss, Genuss und Unglück sowie dem Gang der Epochen, zwischen allen alltäglich wuchernden Trieben und strenger Rechtsfindung – so überdimensional dieser Stoff auch ist, spielt doch, vom Erzähler in Atem gehalten, die Vorstellung der Leser immer mit und überspringt ohne Schwierigkeiten alle scheinbaren Löcher im Ablauf. Die Jahrtausendphantasmagorie verliert sich nicht einmal im achten, dem von vornherein heftig umstrittenen Vatertags-Kapitel, einem grotesk-tragischen Panoptikum pervertierender, dennoch sich vorerst unbestimmt behauptender, sogar zum Geschlechtsrollentausch noch lockender Männlichkeit.

Unerschöpflich das Panorama, voll von Sprache, Geschichte und Geschichten. Dazwischen immer wieder auch Gedichte, und zwar Gedichte, die ohne Weiteres einen gewichtigen Band für sich ergäben. Sie demonstrieren erneut, dass und in welcher Deutlichkeit es dem Gedichteschreiber Grass um die Realien in den Wörtern geht, die sich ihm einst in *Die Vorzüge der Windhühner* in noch traumnahen Bildern, in dem Band *Gleisdreieck* schon haptisch-alltäglich, in *Ausgefragt* unverkennbar politisch vermittelten. Fragend, suchend, misstrauisch, doch immer auch freundlich wägt Grass in den Gedichten des *Butt* die Realien ab, wiegt er sie spielerisch nach. Sie haben eine Funktion im Romanganzen, die sich als kontrapunktisch bezeichnen lässt. Die Gedichte artikulieren eine selbständige Stimme, sie setzen erzählernah, aber unmittelbar zum Leser hin im Ganzen und fürs Ganze bildstark-sinnlich allgemeinere Akzente. Sie lassen sich bezeichnen als Bojen, die an der Oberfläche heutiger Erfahrung das in die Geschichte ausgeworfene Netz markieren, an das sie damit auch gebunden sind. Nicht völlig einbezogen in die Konstruktion des Erzählers selbst, wirken doch auch sie mittragend darauf ein, begründen, spiegeln und beleuchten, akzentuieren und legitimieren sie deren Weiträumigkeit.

Gedichte im Roman erinnern an die romantische Konzeption literarischer Totalität. Obwohl er etwas aus dieser Konzeption allumfassender Totalität benutzt, liefert Grass, eine Zeit und Raum überbrückende Totale entwerfend, sich ihr doch keineswegs aus. Aber es gibt Entsprechungen, deren Reflexion aufschlussreich ist. Den Unterschied zwischen der romantischen Vorstellung von Totalität und der Grass'schen Totalen erläuternd, verdeutlicht sich diese. Es ist ein wichtiger Unterschied. Ideologisch betrachtet, läuft es darauf hinaus, dass Grass auch in diesem Roman weder Idealist noch tendenzieller Metaphysiker und gewiss kein Monist ist; selbst wenn er mythisch murmelt, weiß er, was er treibt, treibt er es nicht gläubig, sondern aus deutlich sich vermittelnder höchst weltlicher Absicht. Wenn schließlich, den Mann ignorierend, der wieder freigegebene Butt einer polnischen Arbeiterin in den Arm springt, damit den Anbruch eines neuen Zeitalters anzeigend, so braucht es keine minuziöse Bildsemantik, um zu erkennen, dass hier wesensbezogene Symbolik nur Vehikel ist, literarisch genutzt, nicht in quasi religiöser Absicht als Glaubenszeichen gesetzt. Ein kraftvolles Bild, nichts anderes, nicht «das» Bild.

Die Art und Weise, wie Grass sich aufs romantische Totalitätsmuster bezieht, ohne sich und den Roman ihm auszuliefern, lässt sich besonders leicht verdeutlichen an der Vorstellung der *Zeitweil* – ein im Roman nur leicht modifiziertes Science-Fiction-Motiv. Es hat puren Spielcharakter. Der Anspruch des Erzählers, seit der mythischen Jungsteinzeit im Mündungsgebiet der Weichsel mit ihrem Mutterrecht in all den Epochen, von denen erzählt wird, selbst dabei gewesen zu sein, bei seinen Köchinnen die Hauptrollen gespielt, den Weltgeist-Butt stets in seiner jeweils historisch umkostümierten Identität selbst konsultiert zu haben, ist auf eine so drastische Weise fiktiv, dass von allen Totalitätsansprüchen nur das Vergnügen an den phantastischen Spielmöglichkeiten bleibt, die sie bieten und die Grass unnachahmlich nutzt. Grass hat alle Gefahren romantischer Totalität neutralisiert durch eine kräftige Prise Phantastik. Dabei ist der *Zeitweil*-Trick keineswegs

Das Haus im schleswig-holsteinischen Wewelsfleth, Dorfstraße 3

eine Verlegenheitslösung, sondern ein angemessenes Mittel im Interesse eines phantastischen Romans, der vergangene, extensiv auch gegenwärtige Realität einbezieht, spielerisch auf seinen Nenner bringt und anregen will, das Ganze auch einmal anders anzusehen. Statt romantischer Totalität, doch vor ihrem Hintergrund, die phantastische Totale. Den Entwurf des *Butt* im Zusammenhang des noch recht jungen und zuvor noch nie auf die Grass'sche, auf eine derart realitätsbezogene und literarische Weise modifizierten Genres «phantastischer Roman» zu sehen, ist übrigens weit schlüssiger als eine Deutung vom Märchen her; mag auch das Märchen «Von dem Fischer un syner Fru» als einer der Ansatzpunkte dazu verlocken. Das hält den *Butt* nur tiefer im Romantischen fest, als er tatsächlich darin steckt.

Vor dem geschichtlichen Hintergrund noch immer nachwirkender Totalitätsvorstellungen, also des Drangs, das Leben und die Welt «aus einem» zu begreifen, bleibt es eine noch heute nahezu allgemeinmenschliche Erwartung, die Welt als ein Ganzes erleben zu können, den neuen Rundblick zu gewinnen. Es fesseln deshalb am *Butt* nicht allein die prächtigen Geschichten, die Drastik des Erzählers, das inzwischen sozusagen entspannte, lustvolle, einverstandene Jonglieren mit Sexuellem und Fäkalischem als Lebensrealitäten, sondern durchaus und gerade auch seine Perspektive als Roman, sein Blick aufs historisch und gegenwärtig Ganze, und dies völlig zu Recht. Die Perspektive ist plausibel und glaubwürdig nicht, weil sie den allgemeinen Gang der Dinge allgemeinverbindlich auf den Begriff brächte, sondern weil diese Totale in ihrem Ansatz schon sich selbst als fiktiv darstellt, künstlich, in Bettlaune erdacht, und folglich jenen Anspruch gar nicht erst aufkommen lässt.

Ironie bis zur Selbstironie, Drastik und Parodie, die Infragestellung jeder Geschichte, ein bei aller sinnlichen Konkretheit doch distanziert spielerischer Umgang mit den aus der Geschichte herausgelesenen oder ihr einfallsreich nachgestellten erfundenen Verläufen, der sie ernst nimmt und doch Spielmaterial bleiben lässt – dies alles und mehr stützt den *Zeitweil*-Trick und hält die Phantastik im Bereich realer Vorstellbarkeit, die ihr erst die volle Wirkung vermittelt. Wäre zu erwägen, ob Grass damit nicht etwas geglückt ist, das mit der Steigerung des Antihelden zum Kretin in der *Blechtrommel* durchaus vergleichbar ist: eben die literarische Aufhebung traditioneller romantischer Totalität in einem phantastischen Roman, einer geschichts- und realitätsgebundenen «Fantasy», die dieses moderne Unterhaltungsgenre auf den literarischen Begriff bringt.

«Ich halte es mit dem Mythos des Sisyphos von Camus, dass der Stein nie oben liegen bleibt. Nichts hasse und fürchte ich mehr als Ideologien, die mir einen Endzustand, den glücklichen Menschen, beschreiben.»
Günter Grass, «Börsenblatt», 18. April 2001

In jeder einzelnen historischen Phase lauert ihr Untergang. Per *Zeitweil* aber, der Gewissheit des Überlebens durch Wiedergeburt, lassen die finalen Zustände, die Teil der Realität sind, lässt das ständige Sterben, lässt der Tod sich überspringen. Insofern ist die Fantasy ein Medium der Ausflucht. Sie erlaubt es, vielerlei Problemen auszuweichen. Doch sie verweist auch auf etwas, tröstlich: dass die Geschichte immer weitergegangen ist. Man kann sich unschwer vorstellen, wie der Roman sich verändert hätte, wenn das Vatertags-Kapitel mit seiner monströsen Phantasmagorie einer umkippenden, elementar ihre Orientierung verlierenden Gegenwart am Ende des Romans stände. Im engeren literarischen Sinne wäre das ungemein wirkungsvoll gewesen – Apokalypsen wirken immer etwas stringenter. Es lässt sich wohl davon ausgehen, dass Grass mit Überlegung hierauf verzichtet hat. In seinen Augen war offensichtlich – noch! – der Aspekt realistischer, dass es weitergeht, der gleiche Kampf um Essen und Trinken und Sex und Genuss und gegen den Hunger. Und das ist ein Anlass zu Optimismus. Melancholischem Optimismus. Es wird, so lässt der *Butt* spüren, weiterhin diese Geschichten geben, auch wenn ganz andere darin verstrickt sein werden. Und vielleicht haben die Frauen endlich wieder einen besseren Ausgangspunkt.

Es gab, als er erschienen war, sehr widersprüchliche Urteile über die Sprache des Romans. Auch wo sprachliche Virtuosität, zum Teil «große» Prosa konstatiert wurde, fanden sich direkte oder indirekte Hinweise auf eine gewisse sprachliche Porösität. In der Tat zeigt Grass eine leserfreundliche Allgemeinheit und Offenheit noch in den ganz konkreten, wörterprallen, vor Wortphantasie berstenden Passagen. Selbst wo man es über dem auch sprachlichen Einfallsreichtum und der unmittelbar wirkenden Sprachkraft vergisst, bleibt Grass – wegen der festen Einrichtung des Icherzählers ganz legitim – innerhalb einer Erzählrhetorik, erzählt er stets im Blick auf den Leser, alle Einfälle, Pointen, Animationen auf dieser Ebene subsumierend. Der Avantgardist der fünfziger Jahre, der ein Großschriftsteller wurde, als Volksschriftsteller? Auch sprachlich geht es Grass weniger um historische und gegenwärtige

Bei Wewelsfleth an der Stör

Wirklichkeit für sich, als um seine Imaginationen davon und deren Eigenbedeutung, und zugleich darum, sie plastisch, wirkungsvoll, unbedingt auch fasslich zu vermitteln. Das schließt Relativierungen ein. Auch die Sprache des *Butt* ist nicht auf Erfahrungserweiterung aus, auf Erarbeitung von Neuland in der direkten Auseinandersetzung Autor – Wirklichkeit, sondern aufs Überschauende, in seinem Anspruch klug relativierte Panorama einer ganzen, aus der historischen und gegenwärtigen Wirklichkeit heraus imaginierten Welt. Auf diese Weise will der Roman die Leser bewusst einholen, gewinnen. Wenn Grass aber auch dem Lesevergnügen merklichen Vorrang einräumt, Wirkung großschreibt, bleibt dies doch immer auf der Ebene des Wirklichkeitsbezugs seiner phantastischen Totalen.

Auf jeden Fall: Günter Grass hatte etwas zu erzählen, das erzählenswert ist, und zwar über die einzelnen Geschichten hinaus. Wenn er neue Wirklichkeiten nicht entdeckt hat – was übrigens seit langem ein Privileg des individuellen Anfangens ist –, so zeigt er eben doch Wirklichkeit in einer Perspektive, die für die überwältigende Mehrheit neu ist und sich ihr prall

und überraschend vermittelt. Wenn schon sonst der Politiker Grass sich bei diesem Roman betont zurückgehalten hat – Mehrheiten auch für die Literatur zu gewinnen war seine durchaus politische Absicht. Und zu erzählen hatte er, dass es wenig Sinn hat, den menschlichen Realitäten auszuweichen. Das ist gewiss eine alte Geschichte, aber sie geht verloren, wenn sie nicht aus dem Bewusstsein jeder Zeit erneut erinnert wird. Es ist eine Geschichte, in der es auch Fortschritt nur im Kleinen gibt. Sie lässt also den Erzähler als konservativ dastehen. Aber es ist eine wahre Geschichte. «Es gibt fünf Grundtatsachen im menschlichen Leben: Geburt, Nahrung, Schlaf, Liebe, Tod», hat der alte E. M. Forster einst in seinen «Ansichten des Romans» festgehalten. Er hatte Recht, auch wenn das nicht die einzige Wahrheit ist. Grass erzählt für heute, unmissverständlicher als irgendjemand vor ihm, dass man um diese Grundtatsachen jedenfalls nicht herumkommt, erzählt es mit besonderem Augenmerk für die seit eh und je besonders umstrittene Nahrung, mit der sogleich auch die meist penibel ignorierte Kehrseite des Fressens und die Geschlechterrollen ins Blickfeld kommen, auch Macht und Politik, auch Kultur. In ironischem, spielerischem Appell an die Totalität belegt Grass sein Wissen aus der Geschichte. Und er zeigt, dass ohne diese Erfahrung, dieses Wissen niemand zu sich selbst kommt. Auch heute nicht.

Eine «Zeitweil» im Barock

Treu sei er nicht, hat Günter Grass im *Tagebuch einer Schnecke* geschrieben, aber anhänglich.[119] Und eine ganz besondere Anhänglichkeit zeigte er, das war jedenfalls den Mitgliedern der Gruppe 47 bekannt, stets für Hans Werner Richter, den um fast zwanzig Jahre älteren Mitbegründer und jederzeit unumstrittenen Gastgeber und Chef dieser sehr lockeren Schriftstellervereinigung, der auch Grass so viel zu verdanken hat. 1978 wurde Richter 70 Jahre alt. Grass wollte ihm ein ganz besonderes Geschenk machen. Schon seit der *Blechtrommel* hatte seine lustbetonte, dingnahe Wortphantasie die Kritiker immer wieder ans Barockzeitalter erinnert, im vierten Kapitel des *Butt* hatte er die Barockpoeten Martin Opitz und Andreas Gryphius einander in Danzig begegnen lassen, und nun hatte er den wahrhaftig barocken Einfall, die Gründung der Gruppe 47 so zu erzählen, als habe sie sich nicht 1947 zugetragen, sondern 1647, kurz vor Ende des Dreißigjährigen Krieges. Hans Werner Richter sollte auftreten als Simon Dach und von Paul Gerhardt und Hofmannswaldau bis Georg Philipp Harsdörffer, von Andreas Gryphius bis Filip von Zesen zwanzig und mehr Barockpoeten, alle *ausgehungert auf literarische Wechselworte*[120], um sich versammeln und auch noch ein paar Verleger dazu. Der Plan war, eine Erzählung von zwanzig oder dreißig Seiten zu schreiben. Aber es wurde daraus, nach ausgedehnten Barockstudien: *Das Treffen in Telgte.*

Der Einfall, die Gründung der Gruppe 47 zu imaginieren als bereits drei Jahrhunderte früher geschehen, ließ Anklänge, Parallelen, Vergleichsmöglichkeiten aufscheinen, die Grass selbst ganz offensichtlich überrascht haben. Schon die Ausgangslage: auch 1647 Verwüstung überall, Gewalt, Totschlag, Elend in Deutschland gegen Ende des Dreißigjährigen Krieges. Der Zweck des Treffens hält stand auch über die Jahrhundertdistanz: Um *dem zuletzt verbliebenen Band, der deutschen Hauptsprache, neuen Wert zu geben, sei es, um – wenn auch vom Rande her – nur – ein politisches Wörtchen mitzureden.*[121] Die Ohnmacht der Dichter, sie war damals so groß wie nach 1945.

Im westfälischen Münster wurde 1647 langwierig um den Frieden verhandelt. Und nahe Münster, im Brückenhof des Wallfahrtsortes Teltge, finden die Dichter für ihr Treffen schließlich ein passendes Quartier, nachdem sie einen von Simon Dach schon angemieteten Gasthof in Oesede besetzt gefunden hatten. Libuschka heißt die Brückenhofwirtin, und sie ist niemand anderes als die Courage selbst, die Landstörtzerin, die Ertbetrügerin. Uneingeladen ist Gelnhausen, der Stoffel, der Simpel, der einstige Jäger von Soest zur Gruppe gestoßen, als das Treffen mangels passender Herberge schon vor Beginn zu misslingen drohte, und hat für Hilfe in der Not gesorgt, später, mit seinen Reitern und Musketieren, auch für die Naturalien zu einem mächtigen Gelage.

Bald geht es im Brückenhof der Courage zu wie es immer zugegangen ist bei den Treffen der Gruppe 47. Dafür sorgt Simon Dach, der eher unauffällige Dichter von *straffer Mittelgröße*[122], dessen *breitgelagertes Gemüt mit rundum verschenkter Wärme*[123] Ausgleich auch bei großen Gegensätzen ermöglicht, dessen Beharrlichkeit und politischer Wille aber doch das *fürstliche Gönnergeschrantz* vom Treffen ausgeschlossen hat: *ihm unterwarfen die Dichter ihren oft kindlich betonten Eigenwillen. Seine Obrigkeit nahmen sie an.*[124] Und das Gruppe-47-Ritual nimmt seinen Lauf. Bald sitzen jene, die aus ihren älteren und neuen Abhandlungen, Gedichten, Stücken vorlesen, auf einem kargen Schemel, neben dem am zweiten Lesetag als Schmuck eine hochtreibende Distel platziert ist, tragen vor und ertragen ohne Widerwort die Kritik der anderen.

Stets umkreisen die Dichtungen wie die Diskussionen der versammelten Poeten den erhofften Frieden, auch wenn die Wörter und Verse sich weit vom Thema zu entfernen scheinen, auch wenn die Poeten streitlustig, zu raschen, sogar gedankenlosen gegenseitigen Vorwürfen bereit, ihren eigenen Mangel an Friedfertigkeit demonstrieren. Der Widerspruch zwischen Frieden und Wirklichkeit, Kunst und Wirklichkeit bricht immer neu auf. Bei Tisch und in nächtlichen Zechereien treiben die Bedürfnisse und die Gewissensbisse auf und ab. Aber schließlich fasst Simon Dach bewegt den Ertrag des Treffens so zusammen: *Mancherlei Anfechtung sei ihnen widerfahren. Er wolle die Ärgernisse nicht zählen. Doch gelohnt habe sich der Aufwand am Ende wohl doch. Fortan könne sich jeder weniger vereinzelt begreifen. Und wen zu Haus Enge zu bedrücken, neuer Jammer einzuholen, der falsche Glanz zu täuschen, wem das Vaterland zu schwinden drohe, der möge sich der heilgebliebenen Distel im Brückenhof vor Telgtes Emstor erinnern, wo ihnen die Sprache Weite versprochen, Glanz abgegeben, das Vaterland ersetzt und allen Jammer dieser Welt benannt habe. Kein Fürst könne ihnen gleich. Ihr Vermögen sei nicht zu erkaufen. Und wenn man sie steinigen, mit Haß verschütten wollte, würde noch aus dem Geröll die Hand mit der Feder ragen. Einzig bei ihnen sei, was deutsch zu nennen sich lohne, ewiglich aufgehoben […].*[125]

In so hoch gestimmter Selbstfeier lässt Günter Grass allerdings das Treffen von Telgte nicht enden. Plötzlich ist Brandgeruch im Saal. Der Brückenhof brennt, unrettbar brennt er nieder, und mit ihm auch ein schließlich doch noch zustande gekommener, dann liegen gebliebener *Friedensaufruf der deutschen Poeten*[126]. Hektisch brechen die Dichter auf zur ja noch keineswegs ungefährlichen Heimreise: *Keiner ging uns verloren. Alle kamen wir an. Doch hat uns in jenem Jahrhundert nie wieder jemand in Telgte oder an anderem Ort versammelt. Ich weiß, wie sehr uns weitere Treffen gefehlt haben. Ich weiß, wer ich damals gewesen bin. Ich weiß noch mehr. Nur wer den Brückenhof hat in Flammen aufgehen lassen, weiß ich nicht, weiß ich nicht.*[127]

Ich weiß, wer ich damals gewesen bin. Einmal kommt auch das schon bekannte Wort *Zeitweil*[128] vor. Eines jedoch ist *Das Treffen in Telgte* keinesfalls: eine Schlüsselerzählung. Zwar benutzt Grass hier und da Erinnerungen an Erscheinungs- und

Mit Hans Mayer, 1977

«L '80», Redaktionssitzung 1982 mit (v. l. n. r.) Carola Stern, Heinrich Böll, Johano Strasser, Heinz Ludwig Arnold, Günter Grass, Berndt Oesterhelt, Heinrich Vormweg, Erdmann Linde

Verhaltensweisen von Mitgliedern der Gruppe 47 – wenn er den *sächsischen Literaturmagister Augustin Büchner* auftreten lässt als *schon älteren rundum straffen Herrn*[129], fällt es schwer, nicht gleich an Hans Mayer zu denken –, über die liebevolle Darstellung Hans Werner Richters als Simon Dach hinaus jedoch sind Porträts, gar Karikaturen offensichtlich nicht beabsichtigt. Dazu war Grass viel zu sehr gepackt von den Figuren und Texten der Barockdichter selbst. So ist eine lange Erzählung von melancholischer Eindringlichkeit, einer Spur glaubwürdiger Zeitlosigkeit entstanden, in der das Engagement für ihre Sprache und der Ernst der Dichter liebenswürdig verknüpft sind mit ihrer emphatischen Egozentrik und ihrem manchmal lockeren Treiben. Nicht verwunderlich, dass *Das Treffen in Telgte* als ein versöhnendes Märchen, eine unaufdringliche Utopie, ein Meisterwerk akklamiert wurde und all die seit längerem landläufige Kritik an Grass sich für eine Weile in Beifall und Bewunderung umkehren ließ.

Aus Geschichten, Bildern, Fragen ein Fries

Das sollte sich bald wieder ändern. Als im März 1986 der Roman *Die Rättin* herauskam, gab es eine Vielzahl von Anlässen, an zwei Randbemerkungen im *Tagebuch einer Schnecke* zu denken, von denen die eine lautet: *Mein Ruhm, liebe Kinder, ist jemand, für den ich um Nachsicht bitte*; und die andere: *Ruhm ist etwas, das anzupissen Spaß zu bereiten scheint.*[130] Grass hat sich in solchen Fällen allerdings nie zimperlich gezeigt und zurückgeschlagen, zurückgeschimpft, wenn es ihm richtig erschien, hat es deutlich artikuliert, wenn er der Meinung war, die Literaturkritik, das Rezensionswesen befinde sich nicht ganz auf seinem Niveau. Das ergäbe ein eigenes Kapitel.

Vor der *Rättin* aber veröffentlichte er: *Kopfgeburten oder Die Deutschen sterben aus*, ein Buch, in dem Grass leichthändig noch einmal beim *Tagebuch einer Schnecke* anknüpfte. Eine China- und Indien-Reise zusammen mit seiner zweiten Frau Ute wird zum Ausgangspunkt. Der Plan, mit dem Regisseur Volker Schlöndorff, der ebenfalls gerade im Fernen Osten unterwegs

Mit Frau Ute, geb. Grunert, 1983/84

ist, einen Film zu drehen, regt dazu an, die Geschichte eines Lehrerpaars aus Itzehoe mit Namen Harm und Dörte Peters auszumalen, das unentschlossen mit sich kämpft, ob es nun ein Kind in die böse Welt setzen soll oder nicht. Politische und kulturpolitische Aktivitäten des Jahres 1979 spielen in die ganz persönliche, offene, mit der Möglichkeit der Fiktion nur spielende Erzählung hinein. Der frühe Tod des Dichters und Erzählers Nicolas Born bewegt den Autor. Er plädiert für eine übergreifende Nationalstiftung, tagträumt von deutscher Kulturnation und davon, was aus Franz Josef Strauß geworden wäre, wäre er Schriftsteller geworden.

In einem Punkt weisen die *Kopfgeburten* voraus auf den Roman *Die Rättin*, und zwar in der entspannten Gelassenheit, mit der Grass hier, seinen Alltagsbetrieb einbeziehend, als Autor mit Erfahrung, Einfällen, Erlebnissen, Überlegungen, Vorstellungen jongliert, um skeptisch sein *großes Ja* erneut Sätze *mit kleinem nein* [131] bilden zu lassen. Solch entspannte Gelassenheit kennzeichnet, eine zunehmende Verdüsterung der Sicht konterkarierend, auch den Erzähler der *Rättin* und damit diesen

Roman. Dennoch lenken die *Kopfgeburten* eher ab von einem Sachverhalt, der für das Verständnis dieser jüngsten Großphantasmagorie sicher bedeutsamer ist. Er sei hier mit einer These nur angeleuchtet: Wie *Die Blechtrommel, Katz und Maus* und *Hundejahre* sind auch *Der Butt, Das Treffen in Telgte* und *Die Rättin* eine Trilogie, anders, allgemeiner, weiträumiger bezogen auf Leben und Erfahrung als die *Danziger Trilogie*, anders organisiert, doch ebenfalls eine Trilogie. Und der Vergleich dieser späteren mit der frühen Trilogie, er sagt einiges aus über das, was inzwischen doch schon als Gesamtwerk des Günter Grass bezeichnet werden durfte.

Der Erzähler der *Rättin* ist merklich älter als der Erzähler des *Butt*. Seine Vorstellungen und Wünsche drängen, treiben, fordern nicht mehr so massiv wie in dieser Epopöe des Fressens und der Liebe, in deren Naturgeschichte jeder Weltgeist nur immer Verzerrungen einbringt. Der Erzähler der *Rättin* ist schon ein wenig alterssichtig, und das heißt: Eine Gefahr, von der er theoretisch längst wusste, ist ihm nun plötzlich greifbar geworden und ihm dabei, was ihr auch einzig angemessen ist, ins Unermessliche gestiegen – die mögliche Selbstvernichtung der Menschheit. Nicht einmal die Schnecken-Metapher bedeutet noch etwas, wo die spärliche Vernunft, auf die Grass trotz seiner Vorstellung von Geschichte als absurdem Prozess gesetzt hat, in einer Sackgasse des von Augenblick zu Augenblick möglichen Untergangs keinen Ausweg mehr findet. Es hat sich grundsätzlich und irreparabel etwas verändert: *Ich glaube, daß sich durch eine Lage, die jeden Tag in die Selbstvernichtung führen kann, unser Verhältnis zu dem Zeitbegriff «Zukunft» verändert hat. Das betrifft jeden einzelnen, aber es betrifft natürlich in besonderer Art und Weise den Schriftsteller. Die Literatur konnte auch in schwierigsten Zeiten immer auf Zukunft bauen. Autoren von Büchern, die der Zensur unterlagen, die über längere Zeiträume verboten waren, konnten darauf bauen, daß eines Tages die Zensur wegfällt, der Diktator wegstirbt oder ein Wechsel stattfindet, so daß sich die Literatur dennoch, wenn auch mit Verzögerung auswirken konnte. Die ganze Geschichte der europäischen Aufklärung ist davon geprägt. Dieses Vertrauen in die Zukunft kann man heute nicht mehr*

Lithographie zu «Die Rättin»

haben.[132] Noch die folgende Ergänzung: *Es hat immer Endzeitstimmungen gegeben, das Erscheinen eines Kometen, die Pest haben sie z. B. ausgelöst. Aber es hat nie in der Hand der Menschen gelegen, sich nach den Regeln militärischer Logik, die die Sprache der Vernunft dabei benutzt, selbst auszulöschen. Ich glaube, daß diese Erkenntnis auch zu einer veränderten Schreibsituation führt.*[133]

Der Roman *Die Rättin* ist die Antwort, die der Erzähler Grass in dieser Situation gefunden hat. Wie im *Butt* setzt die Erzählung in einer zunächst betont als privat gekennzeichneten Situation an: Der Erzähler hat sich zu Weihnachten unter anderem eine Ratte schenken lassen. So etwas war damals gerade in Mode gekommen. Doch die Idylle – auch die Ratte domestiziert, auch sie ein Haustier wie Hund und Katze, ein mögliches Weihnachtsgeschenk –, die Idylle trügt. Noch immer ist die Ratte zugleich ein Tier, das Urängste symbolisiert, ja in einer widersprüchlichen und komplexen Metapher bündelt. Noch immer ist unmittelbar fasslich auch die Bedeutung, die sie zum Beispiel für Winston Smith, den Helden in George Orwells Roman «1984» hat: Als ihm, dem «letzten Menschen», das existenzielle Rückgrat gebrochen werden soll laut der Devise, dass es für jeden Menschen etwas «Unerträgliches» gibt, «etwas, dem er sich nicht stellen kann»[134], da wird er konfrontiert mit einem Rattenkäfig, der so vor seinem Gesicht angebracht ist, dass die beiden hungrigen Ratten sich darin hineinbohren können, wenn das Gitter geöffnet wird. In diesem Moment gibt Winston Smith sich preis.

Der Erzähler pflegt fast geselligen Umgang mit seiner Weihnachtsratte, die Dimension der Urängste bleibt aber dennoch jeden Augenblick präsent. Und ohne je seinen Standort, seinen Sitzplatz als Schreibender, als Erzähler, als Imaginierender aus dem Gefühl zu verlieren, sodass den Lesern auch in phantastischer und absurder Szenerie oder sich überschlagender Parodie nicht einen Augenblick die Beziehung zu ihrer eigenen Gegenwart verloren geht, setzt Grass sich erzählend mit der Möglichkeit eines Untergangs auseinander, der längst nichts Apokalyptisches mehr hat, sondern sich in den täglichen Nachrichten abzeichnet, der berechenbar ist und jedenfalls, falls er eintritt, selbst fabriziert sein wird. Des Erzählers Weihnachtsratte, sie gibt ihm Träume ein, in denen das Unausdenkliche, die Selbstvernichtung durch Zufall geschehen ist und nur noch Ratten da sind. Das Gefühl, schon nicht mehr selbst zu träumen, sondern im Rückblick auf die vergangene *Humangeschichte* von der Rättin nur noch geträumt zu werden, wird zeitweilig überstark. Die mörderischen Waffen, auch die Müllberge, das Waldsterben, die Verseuchung der Gewässer, die Möglichkeiten und Gefahren der Gentechnologie, die sinnverwirrende Videotechnik – dies alles drängt hervor, um in des Erzählers Traum von der Rättin, seinem Traum von einer menschenleeren, nur noch von Ratten bevölkerten Welt zu kulminieren.

Auge in Auge mit dem Nichts, das als Möglichkeit ständig im Spiel ist, entwirft der Roman *Die Rättin* ein breites Panorama immer neu überraschender Geschichten. Grass erzählt einfallsreicher denn je, wobei sich auch vieles früher Erzählte hervordrängt; auch dies früher schon Erzählte, es ist ja, wie alles Leben, von der Annullierung bedroht. So behauptet Oskar Matzerath, es gebe ihn noch. Der Dreikäsehoch und Glaszersinger ist freilich *merklich gealtert*[135], bald sechzigjährig inzwischen, dafür hat er es als Videoproduzent zu Vorortvilla und Mercedes gebracht. Der Erzähler selbst, der ihn, inspiriert von seiner Weihnachtsratte, leichthändig herbeizitiert, dient sich ihm an mit Ideen für Videofilme, die seinem Rattentraum entspringen und das Sterben der Märchen mit dem Wald, den legendären Fälscher Malskat, den Rattenfänger von Hameln zur Videodarstellung ausmalen. Und ein kleines altes Schiff mit fünf Frauen, die die Quallendichte in der Ostsee vermessen – die größeren Quallen heißen Medusen –, tuckert unablässig weiter dorthin, wo unterm Wasser Vineta liegen soll; der Butt ist diesem Schiff immer nahe. Dann stellt sich heraus, dass Oskar aus Polen eine Einladung bekommen hat, nahe Danzig den 107. Geburtstag seiner Großmutter Anna Koljaicek mitzufeiern, die ebenfalls unvergessen ist seit der *Blechtrommel*.

Großmutter Anna und Oskar, sie haben auch in der geträumten Rattenzukunft noch ihre Rollen. Dieser Zukunft wegen wird Oskar in Danzig festgehalten, während er tatsächlich in seinem Mercedes schon auf dem Weg nach Hause ist. Der Widerstreit der Wirklichkeiten bleibt unentschieden. Von der Weihnachtsratte verlockt, den Zustand, in dem die Welt sich befindet, vielseitig zu rekapitulieren, vom Triumph der Rättin schockiert, die alle die Ängste des sie träumenden, sie imaginierenden Erzählers wirkungsvoll in Bildern von einer längst menschenleeren Welt sammelt, hält der Erzähler nur mühsam seine Überzeugung aufrecht, dass es sie noch gibt, seine eigene Lebenswirklichkeit, dass er noch nicht zum Phantom in der Erinnerung von Ratten geworden ist.

Erneut ein riesiges imaginäres Panorama, eine monumentale Phantasmagorie, und vielleicht noch um einiges deutlicher als im *Butt*, hat Grass sie ausgemalt in einer Erzählrhetorik, die – manchmal auch argumentierend – den Stoff, das Thema ganz nahe an die Leser heranbringt. Und das hat seinen Zweck. Die Selbstvernichtung der Menschheit, jenes jeden Augenblick Mögliche, das alle Zukunftsgewissheit wegnimmt, obgleich es nicht mit allen Sinnen direkt erfahrbar ist, es muss dringend immer neu beredet werden, muss im Bewusstsein wie im Unbewussten der Menschen als Drohung verankert werden, wenn es noch abgewendet werden soll. Vor allem dies ist Inhalt des Romans.

«Danzig, Gdansk und Polen sind Teil einer nicht nachlassenden Obsession von mir – Resultat des Verlusts von Heimat. Ich komme eben aus einer Flüchtlingsfamilie. Das hat es mir vielleicht auch ermöglicht, mich in die Situation der DDR-Bürger zu versetzen, die von uns als die ‹armen Brüder und Schwestern› behandelt wurden – auch nach dem Mauerfall.»
Günter Grass, «Börsenblatt», 18. April 2001

Das umfangreiche Buch gibt wie jedes literarische Werk auch Ansatzpunkte für Kritik. Doch die aggressiven Beschimpfungen, ja Verhöhnungen, die *Die Rättin* auf sich zog, während die Leser sich auch um dieses Buch rissen, waren schwer zu begreifen. Im Vergleich der Literatur jüngerer Zeit bleibt auch dieser Roman nämlich ganz sicher ein Ereignis. Auf der Grenzlinie zwischen dem handfest fundierten, dennoch abstrakten Wissen von der Drohung möglicher Selbstzerstörung der

Menschheit und einem illusionslosen Dennoch entwirft er unvergleichlich erfindungsreich und phantasievoll einen Fries aus Fragen und Argumenten, Geschichten und Bildern, Erinnerung und Imagination, das bitterernst und doch manchmal auch voll Komik, skeptisch, provozierend und doch sinnlich zugreifend die Lage spiegelt und sie fasslicher macht.

Möglicherweise war es die unverkennbare aufklärerische Absicht, die immer Nerv des fast prunkenden Erzählens bleibt, was die Aggressionen auslöste. Oder die Paradoxie, dass dieser Roman, der auch melancholischen Optimismus nicht mehr zulässt, dennoch keine Schwarzmalerei bietet, sondern immer noch, sei es ironisch und selbstironisch, um Vernunft kämpft. Diese Paradoxie hat im Übrigen eine ebenso große Tradition wie die deutsche Abneigung gegen sie, dagegen, sich auf die Widersprüche der Menschheit aufklärerisch – statt fatalistisch oder mythisierend – einzulassen. Mit der *Rättin* ist Günter Grass, sucht man zur Verdeutlichung literarhistorische Parallelen, aus dem Bezugsfeld Barock heraus ins Bezugsfeld der Aufklärung des 18. und frühen 19. Jahrhunderts vorgedrungen und verhält, so konnte man sagen, zwischen dem erkannten Elend der Aufklärung, das der absurde Prozess der Geschichte täglich neu anzeigt, und ihrer Zuversicht für die Zukunft, deren heute allerdings niemand mehr gewiss sein kann. Eine ganz gewiss absurde Position. Doch wer wollte behaupten, sie entspreche nicht dem Zustand, in dem die Welt sich befindet. Oder behaupten, es sei nicht gerade in dieser Position unerlässlich, Vernunft zu berufen.

Die Märchen, übrigens, sie waren und sind keineswegs ein Reservat der Romantik, romantisierender, sich aus der Geschichte entfernender Weltsicht. Vor den Brüdern Grimm sammelte schon der Aufklärer Johann Karl August Musäus, ein Kritiker selbstgenießerischer Empfindsamkeit und Verfechter direkter Auseinandersetzung mit den realen Zuständen der Gesellschaft, Märchen und erzählte sie mit kritischem Interesse nach. Von Voltaires «Candide» bis zu Christoph Martin Wielands «Oberon» haben die frühen Aufklärer – deren Zukunftshoffnung ja keineswegs so ganz naiv war, die ja nicht nur rosige Zukunftsbilder malten, sondern auch die schwarze Utopie entdeckten – Märchen erfunden und erzählt, große, manchmal auswuchernde phantasmagorische Szenarien ausgemalt, nicht, um von der Realität abzulenken, sondern um sie kenntlicher zu machen. Auch der kleinbürgerliche Demokrat Jean Paul, – dessen «Rede des toten Christus vom Weltgebäude herab, dass kein Gott sei» Grass in der *Rättin* paraphrasiert: *Wie einst der tote Christus vom Weltgebäude herab, spricht weithallend die Rättin vom Müllgebirge ...*[136] – auch Jean Paul war ja, die Kräfte und Bewegungen seiner Zeit bündelnd und doch die Wirklichkeit breit und unbekümmert ausmalend, nicht zuletzt ein Aufklärer.

Was die zweite Romantrilogie des Günter Grass betrifft, die unter dem Motto «Märchen erzählen für heute» steht, so ist bis jetzt ihre historische Verflochtenheit noch ebenso wenig durchschaut wie ihre literarische Aktualität. Es gibt noch immer viel, das lesend zu entdecken bleibt.

Die Scham und die Würde

In Calcutta

Einige Monate nach Erscheinen des Romans *Die Rättin* ging Günter Grass auf Reise. Mit seiner Frau Ute machte er sich im August 1986 auf den Weg ins dunkelste Indien, nach Calcutta, in eine der Höllen der so genannten Dritten Welt. War es eine Flucht? Nicht wenige dürften es mit Schadenfreude und Befriedigung so verstanden haben. Doch die Reise war geplant, lange bevor das Kesseltreiben gegen *Die Rättin* losging und Wirkung zeigte bis in die breite Öffentlichkeit, ja den buchhändlerischen Erfolg des Romans, der sich sogleich abgezeichnet hatte, zum Erliegen brachte. Es ließe sich unschwer begründen, dass diese Reise als eine Konsequenz aus dem Roman selbst ihre Notwendigkeit hatte. Günter Grass war ja trotz der finsteren Szenarien der *Rättin* weder im Komplott mit der möglichen Selbstvernichtung der Menschheit, noch hatte er sich resignierend in solches Schicksal ergeben. «Schicksal» war ja auch nie eines der Wörter, die ihm gefielen. Meist verschleierte es aus seiner Sicht nur, was Menschen selbst verschuldet hatten. Nichts verdrängen, doch aufgeben auch nicht: Das war seine Konsequenz schon im *Tagebuch einer Schnecke.*

Von August 1986 bis Januar 1987 hielt Grass sich in Indien, meist in Calcutta auf; geplant war eine Art zeitgemäßer, gegenwartsbewusster Bildungsreise. Goethe ist nach Italien, nach Rom gereist, um Schönheit und Maß zu erleben. Grass zog es nach Calcutta, um sich an einem seiner Brennpunkte jenem ausufernden Weltelend auszusetzen, das im kleinen reichen Teil der Welt zwar längst im Gerede war, doch der Erfahrung und Vorstellung der meisten Menschen in ihm entzogen blieb und bleibt. Den Raum im Bildungskanon, der ihm als einer Realität zukam, hatte es mangels Erfahrung und Vorstellung nicht. Grass wollte die Hitze und Feuchtigkeit der *entsetz-*

lichen Stadt[137] Calcutta, die er Jahre vorher schon einmal für wenige Tage besucht hatte, Monat um Monat auf der eigenen Haut spüren, ihre Schreckensbilder langsam in die Augen eindringen lassen, sich auf die Probe stellen vor ihrer Lebenswirklichkeit – stellvertretend und als Vermittler.

1988 legte Grass vor, was er aus Calcutta mitgebracht hatte als literarischen und künstlerischen Ertrag seines knapp halbjährigen Aufenthalts: das Buch *Zunge zeigen.* Noch war der vor allem dank der Leser nur begrenzt wirksame Versuch nicht vergessen, dem Schriftsteller Günter Grass anlässlich der *Rättin* den Knock-out zu geben – das sollte nun abschließend erledigt werden. Kaum war das Buch erschienen, wurde es schon von einigen tonangebenden literarischen Meinungsbildnern so drastisch in Frage gestellt, ja abqualifiziert, dass den Leuten die Lust vergehen musste, sich auf dies *Zunge zeigen* überhaupt einzulassen. Ein Jahr zuvor, 1987, war eine erste, zehnbändige Werkausgabe erschienen – war es nun nicht wirklich genug? Warum sich bei solchen Warnungen schon wieder mit Grass befassen? Warum auch noch dieses Buch? Ich erwähne dies, weil es zur Geschichte des Buchs *Zunge zeigen* gehört, dass es sich gegen einen seit Erscheinen des Romans *Die Rättin* umgehenden, geschickt erzeugten und erneut verstärkten zähen öffentlichen Widerwillen behaupten musste, in dem die Intention und der Ertrag der Reise nach Calcutta sich bis ins Kleinliche und Fragwürdige entstellten.

Wie es aber gerade mit den besonders wirkungsvoll lancierten Vorurteilen manchmal so geht: Das gegen *Zunge zeigen* stimmte hinten und vorn nicht, und wer sich die Mühe machte, es zu überprüfen, dem erschienen bald die damals geradezu Mode gewordenen Animositäten gegen Grass ganz und gar dubios. *Zunge zeigen* kam der Wahrheit dessen, worum es hier ging, der Wahrheit des menschlichen Elends in der weitab von den Wohlstandsinseln galoppierend verkommenden so genannten Dritten Welt literarisch und künstlerisch so nahe wie kein anderes mir bis dahin bekanntes Werk.

Grass hat sich dem Elend ohne Einschränkung ausgesetzt. Das Buch ist dreigeteilt. Auf hundert Seiten eine Art Journal, in dem Grass seine Erlebnisse und Erfahrungen sehr direkt, unsentimental, handfest registriert und auch reflektiert. *Von den Füßen her steigern sich Abscheu, Entsetzen.*[138] Auf hundert Seiten Sepiazeichnungen, die in fast hektischer Manier Gesehenes ganz nah ans Auge heranziehen, es festhalten, zu begreifen, zu erkennen suchen. Und danach auf gut zwanzig Seiten ein langes, sich der Prosa annäherndes Gedicht als dritte, persönlichste Spiegelung des Erfahrenen.

Jeder Teil des Buchs rechtfertigt den Titel *Zunge zeigen*, einen Titel, der ohne Erläuterung, auf allerdings provozierende Weise, missverständlich bleibt. Er meint nicht Verachtung, Hohn, eher schon das Zungezeigen beim Arzt zwecks Diagnose. Er bezieht sich auf Kali, die schauerliche Schutzgöttin der Stadt. Grass notiert: *In einer der Göttergeschichten heißt es: in rechter Hand, an einem Arm ihrer zehn Arme, die Sichel schon hoch, habe Kali in ihrer Raserei die Zunge gezeigt, als ihr (vielleicht durch Zuruf von außen) bewußt wurde, daß sie zuletzt ihrem Göttergatten Shiva, der, gleich Kali, Gottheit der Zerstörung ist, an die Gurgel wollte. Zunge zeigen als Zeichen von Scham […].*[139] Nichts anderes ist dieses Buch: ein Dokument der Scham.

Keiner der Teile strebt an, was sich als künstlerische Autonomie bezeichnen ließe, keiner setzt auf ästhetischen Selbstzweck. Bericht, Zeichnungen, Gedicht demonstrieren und dokumentieren gleichermaßen die Offenheit und den Zugriff des Autors, seine Wahrnehmungsfähigkeit und sein Standvermögen angesichts des Inkommensurablen:

Ich sah
Calcutta über uns kommen. Dreitausend Slums
sonst in sich gekehrt, hinter Mauern geduckt
oder ans Faulwasser der Kanäle gedrängt,
liefen aus, griffen um sich, hatten bei Neumond
die Nacht und die Göttin
auf ihrer Seite.[140]

Weder in der registrierenden Prosa noch in den Zeichnungen, noch im Gedicht ist die begegnende Wirklichkeit ästhetisiert,

Selbst mit Kali, 1987, Kohle

obgleich Grass an einzelnen Stellen von Schönheit spricht: *Nach Skizzen vom Vortag zeichne ich bis spät einen wie über Nacht entstandenen Slum, einzeilig an eine Pappmauer gelehnt. Wieder erschreckt mich die (ungeschriebene) Ästhetik der Armut: wie jedes Detail der aus Lumpen, Plastikplanen, Pappe und Jutesäcken errichteten*

Hütten entsetzlich gegenständlich ist und benannt werden will. Kein Zweifel, diese letztmögliche Schönheit stellt alles, was anerkannt als schön gilt, in Frage.[141]

Müllberge und allgegenwärtiger Kot, das tagtägliche Verrotten, Unrat, Enge und Zerstörung – es ist die Realität von Millionen Menschen. Was Grass als letztmögliche Schönheit bezeichnet, das ist Zeichen der Menschlichkeit, der Würde noch der Elendesten. Dies zu erkennen und auszusprechen und für sich selbst sprechen zu lassen, ist etwas ganz anderes als jene Ästhetisierung, die Grass nach Erscheinen des Buchs sogleich vorgeworfen wurde. Auch aus dieser Schönheit, vor allem aus ihr begründet Grass seine *ungerufene Liebe zu dieser Stadt, die verflucht ist, jedem menschlichen Elend Quartier zu bieten*[142].

Grass ist mit Fontane, Lichtenberg, Schopenhauer im Gepäck nach Calcutta gekommen. Er hat während der Monate in dieser Stadt sein Bewusstsein nicht suspendiert – ein Bewusstsein aus europäischer, deutscher Aufklärung, dem auch die Schattenseiten der Aufklärung geläufig sind. Dem ebenso bequemen wie irreführenden Einwand, so könne man ja nun Indien ganz gewiss nicht beikommen, begegnet Grass an einer Stelle im Voraus so: *Je länger ich hinsehe, wir hinsehen – und Fontane ist ein süchtiger Beobachter –, kommt uns Indien, jenes Land also, in dessen Elend so viel Geheimnis hineingeredet wird, das als unergründlich, undeutbar gilt, geheimnisloser (sagt er) vor als Dänemark […].*[143] Solche Geheimnislosigkeit ist schrecklich; aus ihr sind immer wieder die Menschen, gerade die elendesten, in Glauben und Aberglauben geflüchtet, und sei es in die Sichelarme einer Schreckensgöttin wie Kali. Grass besetzt, ohne eine andere Art Geheimnis ins Spiel zu bringen, Leerstellen mit Anschauung, Erfahrung:

Geduld, der Armut Mehrwert
und Überfluß.
In Reisfeldern Rücken
auf ewig gebeugt.
Nicht nur die Ochsen gehn
unterm Joch. Erstaunlich,

welche Lasten der Mensch.
Und lächelt im Elend noch:
das ist das Geheimnis,
sagen die Indologen.[144]

Und noch ein paar weitere Zeilen:

Hängen und Würgen. Gegen Lohn, überall
Wird geschleppt; in Calcutta jedoch
sahen wir Träger mit ihrer Last
durchs Nadelöhr schreiten.[145]

Zunge zeigen war kein auf Vollständigkeit und vorgebliche Objektivität angelegtes Indien-Buch, sondern ein Buch von Günter Grass, der nur gelten ließ, was in seiner eigenen Erfahrung, vor seiner eigenen Befragung Bestand hatte. Vieles kommt vor, von der Kolonialgeschichte Indiens bis zu den Leichenverbrennungen, von den aktuellen politischen Zuständen bis zu den Palastruinen und den kulturellen Ambitionen der Stadt trotz allem. Doch dominierend und auf sich selbst beharrend steht im Vordergrund die in Sätzen und Zeichnungen beglaubigte Erfahrung des Schriftstellers und Zeichners. Und sie schafft mehr Objektivität als Statistiken und allgemeine Schilderungen. Packend spürbar wird in diesem Buch die Scham gerade derer, die krank werden an dem Elend, aber sich doch auch jederzeit aus ihm retten können, und die Würde derer, die ihm in seiner ganzen Gewalt hilflos ausgeliefert bleiben.

Blechtrommler for ever

Im Jahre 1988, als *Zunge zeigen* erschien, stand bereits unmittelbar bevor, was seither wie ein Sturm zunächst ungewohnter Euphorie, dann ganz unverhoffter, sich vertiefender depressiver Enttäuschung dort und ängstlicher Besorgnis hier über Deutschland hinweggegangen ist. Noch ahnte niemand etwas von der längst – und nicht nur insgeheim, sondern ziemlich offen – auf die lange Bank der Geschichte geschobenen Wiedervereinigung Deutschlands, die dann Ende 1989 ganz plötzlich, über Nacht möglich erschien und eh man's gedacht,

Auf der Tournee «Es war einmal ein Land» mit Günter «Baby» Sommer, Freiburg i. Br. 1988

auch schon vollzogen wurde. Für Günter Grass bedeutete dieser Vorgang eine Herausforderung, die sogleich alle seine Energien auf sich zog. All die gewichtigen anderen Herausforderungen – durch die mögliche Selbstvernichtung der Menschheit, durch das Elend in der so genannten Dritten Welt – wurden von ihr in den Hintergrund gedrängt. Jedoch nicht, weil auch Grass dem Deutschland so unerwartet günstigen Schicksal zuzujubeln wünschte. Ihm schien es vielmehr unerlässlich, gegen alle Emotionen die historische, politische und praktische Vernunft aufzurufen.

In seiner *Kurzen Rede eines vaterlandslosen Gesellen* argumentierte er am 2. Februar 1990 in der Evangelischen Akademie Tutzing so: *Den deutschen Einheitsstaat hat es in wechselnder Größe nur knappe fünfundsiebzig Jahre lang gegeben: als Deutsches Reich unter preußischer Vorherrschaft; als von Anbeginn vom Scheitern bedrohte Weimarer Republik; schließlich, bis zur bedingungslosen Kapitulation, als Großdeutsches Reich. Uns sollte bewußt sein, unseren Nachbarn ist bewußt, wieviel Leid dieser Einheitsstaat verursacht, welch Ausmaß Unglück er anderen und uns gebracht hat. Das unter dem Begriff Auschwitz summierte und durch nichts zu relativierende Verbrechen Völkermord lastet auf diesem Einheitsstaat. Niemals – bis dahin – hatten sich Deutsche während ihrer Geschichte in solch furchterregenden Verruf gebracht. Sie waren nicht besser, nicht schlechter als andere Völker. Komplexgesättigter Größenwahn hat die Deutschen dazu verleitet, ihre Möglichkeit, sich als Kulturnation in einem Bundesstaat zu finden, nicht zu verwirklichen und statt dessen mit aller Gewalt den Einheitsstaat als Reich zu erzwingen. Er war die früh geschaffene Voraussetzung für Auschwitz. Er wurde latentem, auch anderswo üblichem Antisemitismus zur Machtbasis. Der deutsche Einheitsstaat verhalf der nationalsozialistischen Rassenideologie zu einer entsetzlich tauglichen Grundlage. An dieser Erkenntnis führt nichts vorbei.*[146]

Vernunft dieser Art versetzt die deutsche Öffentlichkeit chronisch in Zuckungen. Aber Grass, durch Attacken auf *Rättin* und *Zunge zeigen* so heftig in öffentlichen Misskredit geraten, ließ sich unbedenklich geradezu in einen Wolkenbruch der Abwehr treiben. Er hielt die Wiedervereinigung, wie sie sich abzeichnete, für nichts Gutes, obwohl nicht nur Bundeskanzler Helmut Kohl, sondern auch Willy Brandt und Rudolf Augstein sowie die übergroße Mehrheit der damaligen DDR-Bürger mit dem unverhofften Schicksal, das da lockte, vorbehaltlos im Bunde waren. Grass machte sich auf, um für die Einigung der Deutschen ohne staatliche Wiedervereinigung zu plädieren. In seinen Augen blieb die Zweistaatlichkeit schon aus Gründen der Sicherheit in Mitteleuropa notwendig. Sein Bild von Deutschland war das einer Kulturnation, wie Johann Gottfried Herder sie einst imaginiert hatte. Zunächst gehe es um Einigung; die staatliche Einheit, wenn schon, müsse sich nach und nach entwickeln. Und es dürfe die DDR ihre Identität nicht verlieren. Zum Verdruss all derer, die das Wort schon längst nicht mehr hören konnten, führte Grass dabei immer wieder Auschwitz im Munde. Auschwitz im Rücken, dürfe ein großes Deutschland nicht sein.

Unbesorgt darüber, als Volksverräter verschrien zu werden, trug Grass in Reden, Aufsätzen und Gesprächen, die 1991 unter dem Titel *Gegen die verstreichende Zeit* gesammelt erschienen, seine Argumente vor. Selbst auf die Fragen der Wirtschaft ließ er sich ein. Die harte Mark, so warnte er früh, sei als Hauptargument für die Wiedervereinigung nicht akzeptabel, sei ein fataler Ersatz für Geist: *Die versprochene D-Mark. Die harte Währung. Die glückverheißende Münze. Der Gedankenersatz und Alleskleber. Das Wunder in Neuauflage. Seitdem ist nur noch vom Geld die Rede, wenngleich eine Zeitlang salbungsvoll maulgehurt wurde und das Doppelgespann «Würde und Anstand» den Karren ziehen mußte. Doch würdeloser und unanständiger hätten die deutsche Einheit und deren Gefährt nicht eingepeitscht und vorangetrieben werden können. Was zum Schrott erklärt wurde, ward Schrott. Unterm Strich gerechnet, bleibt immerhin positiv zu bilanzieren, daß es den westdeutschen Handelsketten gelungen ist, ihren Markt zu erweitern, die Gunst der Stunde flächendeckend zu nutzen, das «drüben» einheimische, ohnehin minderwertige und schlecht verpackte Produkt zu verdrängen und – ohne investieren zu müssen – ein Schnäppchen zu machen, ein Schnäppchen namens DDR.*[147]

Die Währungsreform, sagte Grass vorher, ruiniere dem

kleineren Staat zunächst einmal nur die Wirtschaft. Mit bemerkenswerter Voraussicht schrieb er da von *Angeschmierten*[148]. Er fand Belege für westdeutsche *Raubrittermentalität*[149]. Sie haben sich in der Folge nur vermehrt. Die Einigung fiel praktisch schon bald durchs Programm. Stattdessen Horrormeldungen, wie sie dann schließlich auch zum Beispiel im Wirtschaftsteil der «Zeit» zu lesen waren unter dem Titel «Der letzte Schnitt – 250000 Frauen verlieren ihren Job» und mit der Erläuterung: «Fast unbemerkt von der Öffentlichkeit verschwindet die ostdeutsche Textil- und Bekleidungsindustrie. Drei Krisenregionen sind ohne Hoffnung.»

Günter Grass hat die Vorgänge seit Herbst 1989 als schreibender Zeitgenosse mit erstaunlich realpolitischem Instinkt kommentiert und begleitet – gewiss nicht mit nationalen, gar nationalistischen Gefühlen, doch unverkennbar als reflektierter Patriot. Auch andere Vorgänge in dieser Zeit – den Golf-Krieg vor allem, samt Deutschlands schlimmem Anteil an ihm – hat Grass unter die Lupe genommen. Doch zuerst und immer wieder Deutschland. Dabei hat Grass schon ganz zu Beginn sehr deutlich gesehen, dass mit dem durchaus geförderten Zusammenbruch der DDR die Verfechter der kapitalistischen Marktwirtschaft diesmal für ganz Deutschland reinen Tisch zu machen entschlossen waren. Es sollte auch mit all dem aufgeräumt werden, wofür er, Grass, selbst seit langem stand: mit dem demokratischen Sozialismus, mit den Vorstellungen des Prager Frühlings und eines Dritten Weges, mit allem, was die Vorstellungen von einer anderen, menschlicheren Gesellschaft als der kapitalistischen auch nur entfernt im Spiel ließ. Die Bundesrepublik stand plötzlich so glänzend da wie noch nie, trotz all ihrer Defizite, die jetzt überhaupt nicht mehr wahrgenommen wurden. Das ging weg in einem einzigen nationalen Aufwasch. Und der Sozialdemokrat Grass konnte sich da nur sehr weniger seiner Genossen halbwegs sicher sein. Der nationale Gedanke triumphierte. Mit einer Einschränkung: *Hilfe, wirkliche Hilfe wird nur nach westdeutschen Konditionen vergeben. Eigentum ja, heißt es, aber kein Volksvermögen. Die westliche Ideologie des Kapitalismus, die jeden anderen ideologischen Ismus er-*

satzlos gestrichen sehen will, spricht sich wie hinter vorgehaltener Pistole aus: entweder Marktwirtschaft [150] oder …

Zwischen den Zeilen, und manchmal etwas deutlicher, der Verdacht, dass auch der Demokratie zu misstrauen ist. Sie entstellt sich ja auch in der Tat sehr leicht, sie will sorgfältig gepflegt sein. Dazu hat Grass mit seinen Reden und Aufsätzen in den Jahren von Ende 1989 bis Ende 1991 jeweils ganz aktuell beigetragen. Zwar ohne fasslichen Erfolg, doch bemerkenswert hartnäckig. Dieser Verlierer im historischen Wiedervereinigungspoker – und das ist er hier zweifellos: ein Verlierer – glaubt daran, dass sich noch immer etwas verändern könnte. Für die kleinen Schritte, das Schneckentempo gibt es eben keine Alternative, obwohl auch Grass diesmal wohl darauf gehofft hat. Aber die Vernunft steht niedrig im Kurs. Im Grunde hat man seit Jahren schon endlich genug von ihr. Ermattet ist auch bei Grass inzwischen wohl die Hoffnung, doch aufgegeben hat er nicht. Stattdessen hielt er noch Mitte 1991 in seiner Rede *Chodowiecki zum Beispiel* fest: *Nun könnte man sagen: Der übertreibt. Doch übertrieben habe ich schon vor Jahr und Tag, um zu erleben, wie meine schlimmsten Übertreibungen von der deutsch-deutschen Wirklichkeit überboten wurden. Ohnehin vielerorts zum «Schwarzseher der Nation» ernannt, will mir das Handwerk der Schönfärberei nicht gelingen. Da jedoch dieser Mangel bis zur Marktübersättigung ausgeglichen wird – an Schönfärbern fehlt es weiß Gott nicht –, werde ich weiter dick auftragen.*[151]

Noch einmal mit Grass in Danzig

Im Frühsommer des Jahres 1992 dann erschien das Buch *Unkenrufe*, ein Werk von 300 Seiten, das Grass bescheiden und zutreffend als *Eine Erzählung* annonciert hat. Diese beginnt ganz alltäglich als eine Liebesgeschichte, wenn auch mit unkonventionellen Helden: Er, Alexander Reschke, geboren in Danzig, ein Professor der Kunstgeschichte aus Bochum, ist Anfang sechzig, Witwer und längst Großvater; sie, Alexandra Piatkowska, Ende fünfzig, wurde einst als Polin von Wilna nach Danzig umgesiedelt und ist Restauratorin, Spezialgebiet Vergoldungen. Alexander und Alexandra lernen sich kennen in

Danzig zu Allerseelen 1989, als sie beide versuchen, einen Strauß Astern zu kaufen. Ganz spontan können sie belebend miteinander reden, und rasch kommt über beide die Liebe.

Auf dem Friedhof, wo Frau Piatkowska zum Allerseelentag das Grab ihrer Eltern aufsucht und wohin Herr Reschke sie bereits begleitet, merkt sie an: *Natürlich wollten Mama und Papa viel lieber auf Friedhof in Wilna zu liegen kommen und nicht hier, wo fremd war alles und ist geblieben fremd.*[152] Alexander erinnert sich der *gewiß bodenlosen Hoffnungen meiner Eltern*[153], in der Danziger Heimaterde doch wenigstens begraben zu sein. Und mit der Liebe kommt fast überstürzt die grandiose Idee, eine *«Polnisch-Deutsch-Litauische Friedhofsgesellschaft»* zu gründen, die in Gedanken an solche Wünsche sich vornehmen soll, den Vertriebenen von einst nun jedenfalls als Toten einen Platz in der Heimaterde zu sichern.

Als noch ohne detaillierte Pläne dieser Entschluss gefasst wird, ist die Erzählung erst etwa zwanzig Seiten vorangekommen, doch der Leser da schon fast ein wenig überfüttert mit Informationen über Witwe und Witwer und ihre einander gar nicht so fremden Berufe, über Danzig, den Ort der Handlung, und seine Kirchen, über Friedhöfe und auch über die Gefühle des namenlosen Erzählers, der all dies mitteilt. Dieser war einst in Danzig ein Mitschüler Reschkes. Reschke hat ihm das gesamte Material zu den Vorgängen um den bald auf die Idee des schon etwas betagten Liebespaares hin eingerichteten Danziger «Versöhnungsfriedhofs» zugeschickt mit der dringenden Forderung, dessen Chronik zu verfassen. Der Erzähler zeigt sich erbost über das Ansinnen – *Mußte der Narr sich in mir den gefälligen Narren ausgucken?*[154] –, aber er fühlt sich bei der Erinnerung an die mit Reschke verbrachte Jugendzeit gepackt und nimmt den Auftrag ernst. Brieflich hat der zu diesem Zeitpunkt offenbar zu Tode gekommene Reschke, der einst den Spitznamen «Unke» führte, den Erzähler daran erinnert, dieser habe damals *eine ausgewachsene Kröte, nein Unke, Rotbauchunke geschluckt, ohne zu würgen, verschluckt, runterschluckt [...] rein und weg, ohne Wiederkehr*[155]. Die Berufung hat also gute Gründe.

An der Ostseeküste bei Gdansk, 1989

Und jedenfalls macht der Erzähler weiter. Was auch den Lesern zu empfehlen ist, obwohl sie ebenfalls einiges zu schlucken bekommen. Die Idee eines deutsch-polnischen Versöhnungswerks, vom zu seinem Dienst gepressten Erzähler gelegentlich auch *Furzidee*[156] genannt, findet ihre Gestalt als deutsch-polnische Friedhofsgesellschaft, deren erstaunlich rasches Erblühen sowie ihre Zerstörung von innen heraus durch deutsche Gründlichkeit, Organisationswut und Gewinnsucht wahrhaftig von großer Bildkraft ist. Idee und Ausführung halten Reschke bald so in Atem, dass ihm zwar noch Zeit für seine Altersliebe zu Alexandra, doch nicht mehr für seine Bochumer Professorentätigkeit bleibt. Darüber sickert fast unmerklich Phantastisches in die Erzählung, und zwar gerade durch die minuziös karge, wenn auch durch Erinnertes und Erfahrenes – in dem Unken aller Art beiläufig auftauchen – bald fühlbar belebte Erzählweise.

Die Friedhofsgesellschaft bietet Alt-Danzigern, die längst in der Bundesrepublik zu Hause sind und dort ihr Leben verbracht haben, die Möglichkeit, mittels Bestattung in der Heimaterde schließlich doch heimzukehren. Erstaunlich viele, ja Tausende von Alten sind bereit, dafür zu zahlen, und rasch sammelt sich viel Geld an. Das Terrain für den Versöhnungsfriedhof wird gepachtet. Öffentliche Stellen in Westdeutschland wie in Danzig zeigen großes Interesse. Bald sind Beerdigungen en masse zu organisieren. Ein Planungschef wird nötig. Die versöhnende Idee zwingt zur Anschaffung von Computern und der Einrichtung sich rasch vergrößernder Büros. Reschke muss, im Interesse der Klienten, viel Geld Gewinn bringend parken. Im polnisch und deutsch besetzten Aufsichtsrat der Gesellschaft drängen schon bald die Beteiligten mit einer Nase für Gewinnchancen nach vorn. Während sich die Idee einer Heimkehr für die Toten fast flächendeckend auf andere polnische Städte ausbreitet, werden in Danzig erst Seniorenheime für die auf ihr Ableben vor Ort Wartenden errichtet, dann Ferienhäuser und Golfplätze für die Bedürfnisse der Enkel und Urenkel der Heimgekehrten, die ihre Toten besuchen möchten. Polnischerseits ist bald von *neuer deutscher Landnahme*[157] die Rede. Polemik gipfelt in dem Ruf: *Eine Armee deutscher Leichen tritt zur Eroberung unserer Westprovinzen an.*[158] Das ganz große Geschäft aber meldet sich an mit Umbettungen längst schon Verstorbener, die doch noch heim nach Danzig sollen, wofür auch Sammelgräber in Betracht gezogen werden. Hier allerdings ist für Alexander und Alexandra, denen das als eine Verhöhnung ihrer Idee erscheint, Schluss.

Mit einer Erzählung, der geradezu pingelige Genauigkeit in allem einzelnen Rückhalt gibt, entwirft Alexander Reschkes einstiger Danziger Schulkamerad, entwirft Günter Grass mit nach wie vor unerschöpflichem, sich stets ganz sachlich aus Daten und Fakten speisendem Einfallsreichtum eine phantastische Vision, ein ambivalentes Panorama der gut gemeinten Versöhnung und des leisen, sich verdichtenden Schreckens, indem er ganz schlicht eine eigentlich liebenswürdige Idee ganz unerregt durch den Reißwolf echter deutscher Geschäftstüch-

Behlendorf, 1992

tigkeit und Selbstgewissheit dreht. Nur Unkenrufe? Die Erzählung baut sich auf als eine Satire, deren Gegenstand für manche vielleicht nur deshalb schwer erkennbar ist, weil sie ihn nun einmal nicht wahrhaben wollen. Aber es gibt ihn. Wer halbwegs aufmerksam bei der Sache ist, wird ihn endlich leise schockiert erfassen.

Was in der Erzählung *Unkenrufe* ausgeführt wird, ist die minuziöse Demonstration des Sachverhalts, dass selbst die menschlich so begreifliche Sehnsucht nach Heimkehr, zum Beispiel nach Danzig (aber ebenso auch nach Schlesien oder ins Sudetenland), ihren humanen Sinn mit dem Absterben der von ihr Geplagten verliert und von ihr nichts übrig bleibt als vage Ansprüche, fragwürdige Begehrlichkeiten und unbestimmte Besitztitel. Hier ist menschlich keine Zukunft mehr. Doch auch in puncto Zukunft haben, ohne dabei ihre landläufige bildliche Bedeutung zu verlieren, die *Unkenrufe* etwas zu bieten. Alexander Reschke lernt bald nach Beginn der Erzählung, als er bei einem Danzig-Besuch noch im Hotel, noch nicht bei Alexandra wohnt, einen Bengalen namens Chatterjee kennen, der ebenfalls eine Idee hat: in Danzig und danach in allen anderen Städten Europas die Taxis durch Fahrradrikschas zu ersetzen, die abgas- und lärmfrei und Platz sparend ein städtisches Hauptproblem lösen könnten. Bei Grass hat Chatterjee mit seiner Idee aus dem Elend der so genannten Dritten Welt heraus mehr und mehr Erfolg, was übrigens auch dem interessierten Reschke noch zu Gewinnen verhilft. Grass lässt Chatterjees Geschichte in seiner Erzählung unaufwendig mitlaufen. Sie bleibt zwar eine Art Fremdkörper, hat indirekt gleichwohl Funktion.

Günter Grass hat in dieser großen Erzählung sein Lebensthema, ohne es zu verleugnen, massiv modifiziert und sich dabei neue Prioritäten gesetzt. Demonstrativ erkennt er sozusagen die politisch-gesellschaftliche Realität auch des Sterbens, des Todes an, und dass sich mit ihr alle humanen Ansprüche verändern; die bleiben bei den Lebenden. Es geriet ihm zu einer ironischen, erstaunlich sanften Attacke gegen gesellschaftliche und politische Blindheiten, die endlich als das zu begreifen, was sie sind, wahrhaftig ein Zukunftsthema bleibt.

Gewiss, eine *Blechtrommel* sind die *Unkenrufe* nicht. Aber Günter Grass ist ja auch nicht mehr um die dreißig, wie damals, in den Fünfzigern, als die *Blechtrommel* entstand; einige Monate nach Erscheinen der *Unkenrufe* ist er 65 Jahre alt geworden. Mit dieser Erzählung erwies sich Grass aufs Erstaunlichste, und zwar mit Zukunftssinn, auf der Höhe der Zeit. Und wenn Alexandra schließlich konstatiert: *Kann nicht mehr hören von Tod und Knochengebein!*[159], so dürften sich ihr die Leser kaum anschließen, sondern eher noch einmal zurückblättern, um sich mancher eindringlicher Einzelheiten und des lehrreich-phantastischen Gesamtbildes der Erzählung noch einmal zu vergewissern.

Fonty und die deutsche Einheit

Drei Jahre nach den *Unkenrufen* erneut ein sehr umfangreicher Roman, der kritisch, skeptisch und wider alle vorherrschende Sprachregelung von der Wende zur deutschen Einheit erzählt. Er geriet zu einem nachhallenden Paukenschlag. Schon lange, seit Heinrich Bölls «Fürsorglicher Belagerung» und der *Rättin* nicht mehr, ist die Veröffentlichung eines neuen Buches in Deutschland so massiv zum Medienskandal getrimmt worden wie im Fall des Romans *Ein weites Feld* von Günter Grass im Sommer des Jahres 1995. Der Autor selbst und sein Verlag haben dazu, der Konkurrenz am Literaturmarkt sehr bewusst, einiges beigetragen durch eine früh vorangetriebene, bis dahin wohl beispiellose Werbekampagne. Für den mächtigen Trommelwirbel aber, der bis weit in die Regionen der nicht oder jedenfalls nicht gerade Literarisches lesenden Bevölkerung hinein laut hörbar war, sorgte die Literaturkritik, und zwar ganz so, als bemühe sie sich, nun endlich auch dem traditionsreichen, schon zu Zeiten des jungen Goethe verschrienen Rezensions-Unwesen in sämtlichen Medien wieder auf die Beine zu helfen.

Der Kritiker Marcel Reich-Ranicki und «Der Spiegel» gaben den schrillen Ton an, und viele, wenn auch nicht alle Rezensenten gaben sich Mühe, diesen noch zu überbieten. Auf

«Der Spiegel» vom 21. August 1995

dem Titelbild der «Spiegel»-Ausgabe vom 21. August 1995 figurierte ein Reich-Ranicki, der je eine ausfasernde Hälfte des voluminösen Buches *Ein weites Feld* in den Händen hielt, das er offenbar ohne Anstrengung auseinander gefetzt hatte. Und drinnen im «Spiegel», kostümiert als Brief an den Autor, Reich-Ranickis Verriss, nach dem Motto: «Ich bewundere Sie – nach wie vor. Doch muss ich sagen, was ich nicht verheimlichen kann: dass ich Ihren Roman ‹Ein weites Feld› ganz und gar missraten finde.» In der «Zeit» wird der Kritiker dann von Iris Radisch noch übertrumpft, die schlicht befindet, «dieses Buch ist unlesbar».[160] Von überallher dröhnte es, manchmal auch mit nationaler Empörung: Gescheitert, gescheitert, gescheitert.

Der Fall war wochenlang für beträchtlichen Medienrummel gut. Unschwer ließ sich zusammenfassen, was dabei herausgekommen war, und die – österreichische – Kritikerin Sigrid Löffler tat dies bereits zu jenem Zeitpunkt, da laut Wunsch von Autor und Verlag gerade die Auslieferung beginnen und die ersten Rezensionen erscheinen sollten, zutreffend[161]: «ein weites Schlachtfeld.» Sigrid Löffler schrieb von Amok laufenden Medien, die «nur noch danach trachteten, einander mit ihren Grass-Verrissen zuvorzukommen». Ein Overkill sei geschafft. Schon bald jedoch werde es an der Zeit sein, «Grass wieder hochzuschreiben – zum ‹berühmtesten lebenden deutschen Schriftsteller›, fast in Nobelpreishöhe». Denn: «Diesen Superlativ, diese Fallhöhe braucht die Branche, als Selbsterhöhungsstrategie der Kritiker: Ist nicht, wer einen Starautor niedermacht, eo ipso ein Starkritiker?»

Ein Branchen-Happening also. Tot jedoch, wie Sigrid Löffler annahm, tot war der Roman trotz allem nicht, am Markt nicht und auch nicht als literarisches Werk, wie sich bei ruhigem Lesen ohne kritikasterhafte Profilierungssucht und ohne eine Hektik, die bestenfalls an der Nachrichtenbörse erträglich ist, sehr bald zeigte. Vor allem – begreiflicherweise – in den neuen Ländern ließen sich die Buchkäufer so wenig abschrecken, dass der buchzerfetzende Kritiker Reich-Ranicki, der sich schon bei der *Blechtrommel* gründlich vertan hatte, trotz allem Anteil am Erfolg für sich reklamierte; so wurde es jedenfalls kolportiert. Den habe er durch seinen Großverriss ja doch nur gefördert. Der Erfolg des niedergeschrienen Buches hat es freilich auch in sich. Im Frühling des Jahres 1996 erreichte die praktisch verkaufte Auflage des Romans *Ein weites Feld* alles in allem 350000 (350000!) Exemplare, und eine weitere Auflage ging zu diesem Zeitpunkt an den Markt.

Für dieses Buch braucht jeder Leser ein bisschen Zeit und auch Geduld. Es ist ein dickes, vielleicht auch etwas zu umfangreiches Buch, und es erschließt sich nicht wie ein Thriller. Es hat ein außerordentliches Thema, ein deutsches Thema von historischer Dimension und historischem Rang, das unerkannt bleibt, wenn man dem Buch mit vordergründigen Faktizitäten à la Tagespresse, vorurteilsvollen Erwartungen und mit jener Selbstgewissheit begegnet, mit der vermögende Wessis sich seit dem Fall der Mauer geschmückt fühlen. Gegen den Widerstand der vorherrschenden Sehweisen und Denkgewohnheiten hat Grass es darauf angelegt, erzählend zu zeigen, erzählend glaubwürdig zu machen, dass die Ossis, Stasi inbegriffen, keineswegs die schlechteren Menschen sind. Die Vermutung, dass mit scheinbar literaturkritischen Argumenten die politische Botschaft des Autors heruntergemacht werden sollte, ist nicht aus der Luft gegriffen.

«Früher gab es den Begriff des ‹Citoyen›, der auch in der Französischen Revolution gefordert und gefördert wurde. Ich bin engagierter Bürger, der von Beruf Schriftsteller ist, und sehe das nicht als Gegensatz an, sondern als andauernde Notwendigkeit, weil Demokratie etwas ist, was ständig neu erobert werden muss.»

Günter Grass, «Börsenblatt», 18. April 2001

Günter Grass hat nun einmal ein gutes Gedächtnis, gerade auch für existenzielle und gesellschaftliche Zustände in der jüngsten Vergangenheit, und statt einer «Gnade der späten Geburt» sieht er für seine Zeitgenossenschaft etwas anderes als konstitutiv an. Wie zu Anfang dieser Monographie schon einmal zitiert: *Ich könnte für mich nicht garantieren, so wie ich aufgewachsen bin – drei Jahre früher geboren, vier Jahre früher geboren, hätte ich unter Umständen in verbrecherische Vorgänge tätig hineinverwickelt sein können. Ich kann nicht dafür garantieren, ob ich da Abwehrkräfte genug gehabt hätte. Ich glaube nicht, ich war dafür nicht ausgebildet, nicht ausgerüstet.*[162] Dies, so demonstriert der Roman *Ein weites Feld*, will Grass nicht für sich allein und nicht nur für eine bestimmte geschichtliche Zeit reklamieren. Auf diese Einsicht, die ihn selbst ebenso belastet wie entlastet, haben für ihn insbesondere auch alle ehemaligen DDR-Bürger Anspruch, die ja über Jahrzehnte in einer Diktatur gelebt haben, auch wenn diese – im Vergleich mit der Nazi-Diktatur – wohl tatsächlich eine moderate war. Ganz zu schweigen davon, dass in der DDR bis hin zur Stasi so vieles ja eine hohe preußische Tradition hatte, sowenig deren Bewunderer dies sonst wahrhaben wollen.

Deutsche Wiedervereinigung am 3. Oktober 1990

Diesen schwierigen Komplex für selbstkritisches Nachdenken eben auch in Sachen Wiedervereinigung erzählend zu vergegenwärtigen, hat Grass sein Fontane-Double Theo Wuttke alias Fonty, Kulturbundredner und Aktenbote mit Fontane-Lebenslauf, samt seinen Anpassungen und seinem vagen Aufbegehren in der DDR und dann im wiedervereinigten Deutschland auf den Weg geschickt. Aus nämlichem Grund hat er Fonty den von Hans Joachim Schädlich ausgeliehenen ewigen *Tagundnachtschatten* Hoftaller alias Tallhover beigegeben, die verächtliche, zeitlos preußisch-deutsche Figur des Spitzels, dessen liebevolle Fürsorge Fonty schließlich kaum noch entbehren kann; der hat ja schon zu Fontanes Zeiten, in denen auch dieser *Unsterbliche* anfällig war, das real Gegebene repräsentiert. Die Menschen sind schwach, alle; Helden sind fragwürdig. Günter Grass sieht da keinen Raum für eine Moral, die pur zu sein vorgibt, doch rigoros ist aus Vordergründigkeit oder sogar simplem Eigeninteresse; umso mehr für das Menschliche.

Einen derart komplexen und auch heiklen Entwurf zu ignorieren, um seinen Autor, weil er ja doch nur mit Marionetten hantiere, leichter verreißen zu können, ist schon eine Sache für sich. Wie weit weg von deutsch-deutscher Realität das war und ist, zeigte sich daran, dass die Leser in den neuen Ländern sich in diesem Roman wieder erkannten und dies bald auch zeigten. Im Interesse ihrer Verrisse haben so manche Kritiker davon abgesehen, überhaupt herauszufinden, was Grass hier zu erschreiben versucht und riskiert hat, haben versäumt, seine schwierige, auf Beglaubigung des Gegenstands bedachte Intention zu reflektieren, die bei genauerem Lesen sogar die manchmal etwas mühsame Überlänge des Romans rechtfertigt. Sie wollten ihren Pappkameraden. Die Buchkäufer, die Leser sind ihnen dabei, wie gelegentlich früher schon, in erstaunlich großer Zahl *nicht* gefolgt. Gewiss, große Markterfolge sind, wie sich durch viel Beispiele von Pilcher bis Konsalik leicht belegen lässt, ein ziemlich dubioses Kriterium. Im Fall des Romans *Ein weites Feld* hat der Erfolg jedoch offenbar viel mit konkreter Leseerfahrung, mit einem noch immer vorhandenen latenten Bewusstsein von Geschichte und Kultur zu tun. Darauf stützte sich übrigens auch eine Art Nachkritik, die schließlich begann, die Resultate des Medienrummels zu korrigieren. Es lässt sich wohl sagen, dass die Auseinandersetzung mit dem Roman *Ein weites Feld* am Ende vom Kopf auf die Füße gestellt sein wird.

Ein erster, starker Eindruck bleibt, dass nichts Rechthaberisches ausgeht von diesem Buch, obwohl Günter Grass seine

Wunschvorstellungen nicht verheimlicht und des Öfteren auch politisch kein Blatt vor den Mund nimmt. Eher könnte man sagen, wenn das Wort nicht so verbraucht wäre, es gehe etwas Besinnliches von ihm aus. Von leiser Resignation getrübt wird sichtbar das Bild eines anderen, seiner Möglichkeiten bewussten Deutschland, und zwar ohne nur Wunschbild zu bleiben und ohne Vorbild sein zu wollen. Es wird plausibel, dass es ohne einen so vertrackten Zugriff auf deutsche Vergangenheit wie den via Fontane nicht möglich gewesen wäre, einen so viel sagenden Ausschnitt des weiten Feldes deutscher Geschichte wie hier mit seinen beunruhigenden, doch mitfühlend erkundeten Widersprüchen in Erzählung zu holen.

Und was bleibt? *Stellen Sie sich vor: Zum Schluß hat mich Fonty umarmt,* verrät *ein wenig verlegen* der immer aufdringliche, verachtete *Tagundnachtschatten* Hoftaller schließlich denen vom Archiv, der eher unpersönlichen erzählerischen Instanz.[163] Das ist nicht nur persönlich gemeint, mag es auch ganz persönlich gemeint sein, wenn Fonty, und das ist das letzte Wort des Romans, schließlich behauptet: *«Übrigens täuschte sich Briest; ich jedenfalls sehe dem Feld ein Ende ab»* …

Zeit der Huldigungen

Schon im Sommer des Jahres 1991, noch vor *Unkenrufe* und *Ein weites Feld*, hat Günter Grass unter dem Titel *Vier Jahrzehnte – Ein Werkstattbericht* einen voluminösen Bildband herausgebracht, der vor allem resümiert, was alles jenseits der berühmten, weltweit bekannten Werke in seiner Werkstatt vorgegangen ist. Der Band enthält, einsetzend mit dem Winter 1946/47, einen knapp gefassten chronologischen Bericht und zahlreiche Abbildungen verschiedener Art, vor allem Zeichnungen, Faksimiles von Manuskriptseiten sowie zahlreiche Gedichte, auch zu ihrer Entstehungszeit unveröffentlichte. Zehn Jahre später folgte unter dem Titel *Fünf Jahrzehnte – Ein Werkstattbericht* eine im Bildteil gekürzte, wohl fürs breite Publikum gedachte Ausgabe, für die Grass seinen Bericht leicht aktualisiert hatte.

Die Vorstellung, Günter Grass habe mit diesen Veröffentlichungen die persönlichen, ihn prägenden Bedingungen und Voraussetzungen seiner Identität als Autor rückblickend in Erinnerung bringen und ihr Tiefenschärfe geben wollen, ist gewiss nicht unbegründet. Auch das 1999 erschienene umfangreiche Buch *Mein Jahrhundert*, mit dem Grass sich diese ereignis- und schreckensreiche Geschichtszeit mit ihren beiden Weltkriegen gewiss nicht aneignen wollte, sondern in knappen Beispielen den geschichtlichen Hintergrund seines Lebens und seines Werkes zu skizzieren versuchte, hat auf seine Weise resümierenden Charakter. Es gab also Anzeichen dafür, dass Grass begonnen hatte, sich selbst und sein Werk gleichsam in der Totalen und historisch zu sehen; dass er um eine Art Abrundung bemüht war. Er war ja schon lange kein junger Autor mehr, er begann, an sich als den *Alten* zu denken. Die Zeiten der Entdeckungen und Abenteuer lagen hinter ihm, in den Vordergrund drängte, so schien es, der Bestand seines Werkes. Der Nobelpreis für Literatur 1999 brachte dessen größtmögliche internationale Bestätigung. Und er konnte auch als Absegnung aufgefasst werden.

Nur noch Ergänzendes, nichts Neues mehr von Günter Grass, dem bald fünfundsiebzigjährigen deutschen Nobelpreisträger für Literatur zu erwarten, das lag nahe – jedenfalls bis Anfang des Jahres 2002. Und hatte nicht sein vielgestaltiges, viel gerühmtes und immer wieder auch rabiat in Frage gestelltes Werk Gewicht genug, um Günter Grass seinen Platz als eines Großen in der Geschichte der Literatur in die Zukunft hinein zu garantieren? Zeit also für Rückblick und Erinnerung auch der geschichtlichen Bedingungen, gegen die Grass sich schreibend aufgelehnt hatte. Zeit, Ruhe zu geben.

Es war das politische Gewissen des seiner Zeitgenossenschaft so bewussten Schriftstellers, das Grass auch nach *Ein weites Feld*, nach der krönenden Ehrung in Stockholm nicht ruhen ließ, das ihm eine für die Mehrheit seiner Leser ganz unerwartete ausweitende Ergänzung seines Werkes abverlangte: Am 5. Februar 2002 lag auf den Ladentischen erstmals die umfangreiche Novelle *Im Krebsgang*. Sie erzählt vom Untergang des ehemaligen Kraft-durch-Freude-Dampfers «Wilhelm Gustloff»; er wurde am Abend des 30. Januar 1945 nahe Danzig von den Torpedos eines sowjetischen U-Boots getroffen und riss rund neuntausend Menschen – überwiegend Frauen und Kinder auf der Flucht vor der Roten Armee – mit sich in die eisigen Wasser der Ostsee, in den Tod. Das war ein schauerliches Ereignis, das ein Mehrfaches der Menschenleben kostete, die einst beim Untergang der «Titanic» zu beklagen gewesen waren; ein Schock für ganz Deutschland, ein nationales Trauma. Zugleich aber war das Ende der «Wilhelm Gustloff» ein Ereignis, das eher engstirnig verwaltet, das lieber verdrängt und beschwiegen als im öffentlichen Gedächtnis fest verankert wurde. Das Geschick der deutschen Flüchtlinge und Vertriebenen seit 1945, für das der Untergang des KdF-Dampfers ein erschütterndes Fanal bleibt, hat in Literatur und Film durchaus seine Spuren, doch nur an der Peripherie; das große Publikum, die auswuchernde Medienöffentlichkeit hat sich ihm bis zum Ende des 20. Jahrhunderts verweigert – es blieb den gewiss nicht

KdF-Schiff «Wilhelm Gustloff», 1939

grundlos wegen des Verdachts auf Revanchismus meist misstrauisch beäugten Vertriebenenverbänden überlassen. Und nun Günter Grass, der den Deutschen eingeimpft hatte, dass sie Auschwitz niemals verdrängen und vergessen durften, dass Auschwitz sogar die Wiedervereinigung verbiete – und nun Günter Grass mit einem großen Memento für die gewaltigen Opfer auch im deutschen Tätervolk. Der intellektuelle Repräsentant einer ganzen, inzwischen alt gewordenen Generation räumt ein, dass er, der Autor der *Danziger Trilogie*, es bis dahin versäumt habe, auch vom Ende der «Wilhelm Gustloff» als einem Höhepunkt des Tötens und Sterbens zu erzählen, wie er ebenfalls Teil der Geschichte seiner Heimatstadt ist. Niemals hätte man, konstatiert er, nur weil die eigene Schuld übermächtig und bekennende Reue vordringlich gewesen sei, über so viel Leid schweigen, das gemiedene Thema den Rechtsgestrickten überlassen dürfen.[164]

Nun, mehr als ein halbes Jahrhundert verzögert, holt Grass das so lange Versäumte nach, und es hat aus vielerlei Gründen seine unabweisliche Aktualität. Deutsche Vergangenheit noch über den Nationalsozialismus hinaus ist in den letzten Jahren auf eine Weise, die nicht mehr von Schuld und

Reue dominiert wird, ins Blickfeld gerückt. Europa vorausgesetzt, ist Nation längst wieder Thema, werden die Traditionen neu umworben. Da gewinnt eine Stimme wie die von Günter Grass, den niemand verdächtigen kann, «rechts gestrickt» zu sein, besonderes Gewicht. Das öffentliche Bewusstsein war bereit für ein Korrektiv wie den *Krebsgang*, und so hat die Kritik mit großer Betroffenheit und beträchtlichem Beifall auf die umfangreiche Novelle reagiert. Wobei allerdings auch festgehalten sei, dass hier keine nationalen Empfindlichkeiten im Stil des Romans *Ein weites Feld* ins Spiel gebracht sind und es besonders für viele Literaturkritiker einen Unterschied macht, ob ein Autor tatsächlich Nobelpreisträger ist oder – um ihn wirkungsvoller für gescheitert zu erklären – nur auf Nobelpreishöhe gehievt.

«Grass hält die Wiedervereinigung mit Verweis auf den Holocaust nach wie vor für illegitim, auch seine *Gustloff*-Geschichte widerruft daran nichts. Vielleicht muß andersherum gefragt werden: Welchen Stellenwert kann und soll der Holocaust im ‹postklassischen Nationalstaat› (Heinrich August Winkler) haben? Wie weit reicht seine Kraft zur Abschattung historischer Realität noch, und welche Folgen zeitigte Mehrdimensionalität in der Aufarbeitung deutscher Zeitgeschichte wirklich? Eine selbstbewußte Vertriebenenpolitik ist im Zuge der EU-Erweiterung so unerwünscht wie je, aber Deutschland steht nicht mehr unter Expansionsverdacht in Richtung Osten. Menschenrechtsfragen, auch in historischer Perspektive, kommt heute eine größere Bedeutung zu. Das ist der geschichtspolitische Resonanzboden, vor dem Grass seine Geschichte der *Wilhelm Gustloff* erzählt.»

Thomas E. Schmidt, «Die Zeit» vom 14. Februar 2002

Im «Spiegel» hat Rudolf Augstein zutreffend angemerkt, hier sei alles zu lesen, «was zu diesem Schauerstück des Krieges zu erfahren nötig ist». Doch die Novelle ist keine Reportage, sie hat doppelten Boden. Sie sei – so stand es ebenfalls im «Spiegel» – ein «veritables», ein auf «mitreißende Weise» erzähltes Werk der Literatur, «glänzend und packend geschrieben», von «hohem literarischem Niveau». *Im Krebsgang* sei eine «wunderbare Novelle». Sie war Anlass für eine mehrteilige, rühmende Titelgeschichte, die der «Spiegel», der den Roman *Ein weites Feld* ein paar Jahre zuvor von Marcel Reich-Ranicki hatte in der Luft zerreißen lassen, am Tag vor Erscheinen des Buches ins Blatt setzte. Kaum noch zu steigernde Lob-

Verleihung des Nobelpreises 1999

sprüche. Und am Tag der Auslieferung hatte Marcel Reich-Ranicki selbst im ZDF seinen ersten Solo-Auftritt: «ergreifend», «erschütternd», manchmal habe er beim Lesen fast geweint – so schloss er sich dem «Spiegel» mit großem Beifall für Grass an. Bewunderung pur. Leser mit Gedächtnis, was den Literaturbetrieb angeht, musste der riesige Abstand zwischen den beiden Urteilen zumindest nachdenklich stimmen. Auf dem Bildschirm in den Wohnzimmern machte Reich-Ranicki den Eindruck, er sei sich diesmal selbst ein bisschen peinlich.

Mit diesen beiden Huldigungen war für die Literaturkritik der Ton angegeben. Zwar fiel nicht bei allen Rezensenten das Lob so vorbehaltlos aus, doch große Aufmerksamkeit für den historischen Stoff und großer Respekt waren Grass bei allen sicher. Und jedenfalls: *Im Krebsgang* ist ganz gewiss ein außerordentliches Werk; es ist leicht begreiflich, wieso schon am Erscheinungstag über 100 000 Exemplare des Buches verkauft, zehn Verträge für Übersetzungen abgeschlossen wurden und die Novelle sogleich auf Platz eins der «Spiegel»-Bestsellerliste

Nobelpreistanz mit Ute, Stockholm 1999

sprang. Zwei Wochen später war die Auflage bereits bei 250000 angelangt. Dabei signalisiert die Novelle keineswegs eine Korrektur, die zwänge, das Werk dieses Schriftstellers neu zu werten oder zu gewichten. Sie revidiert, gar annulliert weder die *Blechtrommel* noch den *Butt*, weder die *Hundejahre* noch *Ein weites Feld*. Sie rückt vielmehr die zu erinnernde schwere historische Last von Flucht und Vertreibung in ein anderes, das Grass'sche Licht.

Startauflage
im Februar 2002:
100 000 Exemplare

Von seiner Heimatstadt Danzig hat Günter Grass sich zu keiner Zeit sehr weit entfernt oder gar ganz gelöst, in den meisten seiner Bücher spielt sie eine zentrale Rolle. Die Bindung war und ist stark. Die Novelle *Im Krebsgang* holt mit der dramatischen Erinnerung an das *tausendmalige Sterben*[165] im eisigen Wasser den Tief- und Endpunkt der Nazivergangenheit, jene Geschichtszeit noch einmal ganz nahe heran, in der einst der Kretin Oskar Matzerath seine Blechtrommel traktierte. Das kam zu Beginn des 21. Jahrhunderts unerwartet, doch es packte und überzeugte, und diesmal nicht nur erprobte Leser und Bewunderer dieses Schriftstellers. Seine ungeschönte Erinnerung an das leidvolle Ende der Naziherrschaft ist ein beklemmendes Zeichen in unsere Zukunft hinein. Ein Kreis schließt sich, und zugleich öffnet sich das Werk des Günter Grass erneut. Kein Schlusspunkt, schon gar kein großes Finale, sondern eine von der historischen Realität gebotene Rückschau von großer Aktualität. Dieser Schriftsteller, dieser *Alte* steht noch mitten im Fluss der Geschichte, aus der wahrheitsgemäß zu erzählen sein frei gewählter Auftrag bleibt – aus der Geschichte seiner selbst und seiner Generation, der Geschichte Danzigs, die in ihrer Gänze exemplarisch für ein ganzes Jahrhundert steht. Für das Leben der Deutschen in diesem Jahrhundert.

Anmerkungen

Aus den Werken von Günter Grass wird zitiert nach den Ausgaben in der Sammlung Luchterhand, das gilt auch für «Gesammelte Gedichte», den Band «Denkzettel» mit politischen Aufsätzen und das «Materialienbuch». Bei Zitaten aus anderen Ausgaben ist auf diese gesondert hingewiesen. Seit 1991 erscheinen die Bücher von Grass bei Steidl, Göttingen; hier wird nach den Erstausgaben zitiert. Im Übrigen sind folgende Kürzel eingesetzt:

Gespräch Unveröffentlichtes Tonbandprotokoll eines Gesprächs, das der Verfasser mit Günter Grass am 8. und 9. Juli 1985 in Hamburg geführt hat.

Dokumente H. L. Arnold / F. J. Goertz (Hg.): Günter Grass – Dokumente seiner politischen Wirkung. München 1971

Text + Kritik H. L. Arnold (Hg.): Günter Grass. Text + Kritik, Heft 1 / 1 a. 5München 1978

Buch zu Buch G. Loschütz (Hg.): Von Buch zu Buch. Günter Grass in der Kritik. Neuwied und Berlin 1968

1 Blechtrommel 128
2 Tagebuch einer Schnecke 66
3 Dokumente 3
4 Gespräch
5 Gespräch
6 Bundeskanzler Helmut Kohl in einem Fernsehinterview vor seiner Israel-Reiseo
7 Gespräch; daraus auch das folgende Zitat
8 Gespräch; daraus auch die folgenden unbezifferten Zitate
9 Text + Kritik 5
10 Text + Kritik 11
11 Gespräch; daraus auch die folgenden unbezifferten Zitate
12 Materialienbuch 80 f.; hier auch die beiden folgenden Zitate
13 Gespräch
14 P. A. Bloch (Hg.): Gegenwartsliteratur. Mittel und Bedingungen ihrer Produktion. Bern und München 1975. 216
15 Gegenwartsliteratur, a. a. O. 216
16 Buch zu Buch 165
17 Gespräch
18 Günter Grass: Theaterspiele, Neuwied und Berlin 1970, 146
19 Gespräch; daraus auch das folgende Zitat
20 Gespräch
21 Günter Grass: Aufsätze zur Literatur, Darmstadt und Neuwied 1980. 8 f.
22 Gespräch; daraus auch die folgenden unbezifferten Zitate
23 Materialienbuch 81
24 Gespräch
25 Gespräch
26 Materialienbuch 81
27 Materialienbuch 82 f.
28 Gespräch; daraus auch die folgenden unbezifferten Zitate
29 Materialienbuch 82
30 Blechtrommel 9
31 Blechtrommel 42
32 Blechtrommel 10
33 Blechtrommel 10 f.
34 Blechtrommel 11
35 Blechtrommel 14
36 Blechtrommel 35
37 Blechtrommel 99
38 Blechtrommel 137
39 Blechtrommel 71
40 Blechtrommel 71
41 Blechtrommel 164
42 Blechtrommel 163
43 Blechtrommel 166
44 Buch zu Buch 26
45 Blechtrommel 105
46 Blechtrommel 105
47 Blechtrommel 105
48 Blechtrommel 108
49 Blechtrommel 110
50 Blechtrommel 113
51 Blechtrommel 114
52 Blechtrommel 115
53 Blechtrommel 115
54 Blechtrommel 229

55 Katz und Maus 22
56 Katz und Maus 6
57 Katz und Maus 5
58 Katz und Maus 64
59 Katz und Maus 14
60 Katz und Maus 71
61 Katz und Maus 80
62 Materialienbuch 84
63 Materialienbuch 85
64 Text + Kritik 18
65 Katz und Maus 26 f.
66 Katz und Maus 66
67 Katz und Maus 88
68 Gespräch
69 Katz und Maus 5
70 Katz und Maus 79
71 Hundejahre 9
72 Hundejahre 9
73 Hundejahre 17
74 Hundejahre 19
75 Hundejahre 31
76 Hundejahre 107
77 Hundejahre 129 f.
78 Hundejahre 271
79 Hundejahre 293
80 Hundejahre 298
81 Hundejahre 298
82 Hundejahre 341 f.
83 Hundejahre 473
84 Hundejahre 473
85 Hundejahre 330
86 Hundejahre 445
87 Gespräch
88 Gespräch
89 Dokumente 4
90 Dokumente 7
91 Dokumente 13
92 Aufsätze zur Literatur, a. a. O., 55 f.
93 Aufsätze zur Literatur, a. a. O., 57
94 Denkzettel 18
95 Denkzettel 27
96 Denkzettel 31 f.
97 Denkzettel 32
98 Denkzettel 124
99 Denkzettel 128
100 Aufsätze zur Literatur, a. a. O., 68
101 Aufsätze zur Literatur, a. a. O., 90
102 Gedichte 201
103 Gedichte 231
104 Gedichte 196
105 Gedichte 172
106 Gedichte 224
107 Marcel Reich-Ranicki: Entgegnung. Zur deutschen Literatur der siebziger Jahre. Stuttgart 1981. 193
108 Entgegnungen, a. a. O., 197
109 Tagebuch einer Schnecke 250
110 Tagebuch einer Schnecke 258
111 Tagebuch einer Schnecke 264
112 Tagebuch einer Schnecke 63
113 Tagebuch einer Schnecke 64
114 Butt 8
115 Butt 11
116 Butt 27
117 Butt 27
118 Butt 37
119 Tagebuch einer Schnecke 69
120 Treffen in Telgte 9
121 Treffen in Telgte 21
122 Treffen in Telgte 109
123 Treffen in Telgte 20
124 Treffen in Telgte 27
125 Treffen in Telgte 134
126 Treffen in Telgte 136
127 Treffen in Telgte 137
128 Treffen in Telgte 129
129 Treffen in Telgte 28
130 Tagebuch einer Schnecke 67
131 Gedichte 170
132 L '80, Zeitschrift für Literatur und Politik, Heft 32, Köln 1984, 36
133 L '80, a. a. O., 39
134 George Orwell: 1984. Neu übersetzt von Michael Walter. Frankfurt a. M. und Berlin 1984, 286
135 Günter Grass: Die Rättin. Darmstadt und Neuwied 1986, 29
136 Die Rättin 14
137 Günter Grass: Zunge zeigen. Darmstadt 1988, 109
138 Zunge zeigen 47
139 Zunge zeigen 33
140 Zunge zeigen 231
141 Zunge zeigen 73
142 Zunge zeigen 63
143 Zunge zeigen 25
144 Zunge zeigen 213
145 Zunge zeigen 222
146 Günter Grass: Gegen die verstreichende Zeit. Hamburg, Zürich 1991, 39 f.

147 Verstreichende Zeit 97 f.
148 Verstreichende Zeit 77 ff.
149 Verstreichende Zeit 92
150 Verstreichende Zeit 41
151 Verstreichende Zeit 142
152 Günter Grass: Unkenrufe. Eine Erzählung. Göttingen 1992, 25
153 Unkenrufe 26
154 Unkenrufe 14
155 Unkenrufe 43
156 Unkenrufe 53
157 Unkenrufe 243
158 Unkenrufe 197
159 Unkenrufe 297
160 «Die Zeit» Nr. 35, 25. August 1995
161 «Süddeutsche Zeitung» Nr. 196, 26./27. August 1995
162 Gespräch
163 Ein weites Feld. Roman. Göttingen 1995, 778
164 Im Krebsgang 99
165 Im Krebsgang 139

ZEITTAFEL

1927 Geburt am 16. Oktober im Danziger Vorort Langfuhr. Die Eltern führen eine Kolonialwarenhandlung.
1937 Eintritt ins Gymnasium Conradinum.
1944–1945 Luftwaffenhelfer, Arbeitsdienst, Kriegsdienst als Panzerschütze. Nach leichter Verwundung amerikanische Kriegsgefangenschaft.
1947 Nach Arbeit bei Bauern an verschiedenen Orten und in einem Kalibergwerk Beginn einer Steinmetzlehre in Düsseldorf.
1948–1952 Studium der Bildhauerei und Graphik bei Sepp Mages und Otto Pankok an der Kunstakademie Düsseldorf. Reisen in Frankreich und Italien.
1953 Übersiedlung nach Berlin. Studium an der Hochschule für Bildende Künste als Schüler Karl Hartungs.
1954 Eheschließung mit der Schweizer Ballettstudentin Anna Schwarz.
1955 Teilnahme an einem Lyrikwettbewerb des Süddeutschen Rundfunks, dritter Preis. Erste Lesung in der Gruppe 47, erste Veröffentlichung in «Akzente».
1956 Übersiedlung nach Paris. *Die Vorzüge der Windhühner.*
1957 *Hochwasser* in Frankfurt uraufgeführt. Geburt der Zwillinge Franz und Raoul.
1958 Im Frühjahr Reise nach Polen. Förderpreis des Kulturkreises im BDI. Nach Lesung aus *Die Blechtrommel* Preis der Gruppe 47 bei Tagung in Großholzleute / Allgäu. *Onkel, Onkel* in Köln uraufgeführt.
1959 *Die Blechtrommel.* Verweigerung des von der Jury zuerkannten Bremer Literaturpreises durch den Senat der Stadt.
1960 Rückkehr von Paris nach West-Berlin. *Gleisdreieck.*
1961 *Katz und Maus.* In Berlin *Die bösen Köche* uraufgeführt. Geburt der Tochter Laura. Begegnung mit Willy Brandt und Beginn des Engagements für die SPD.
1963 *Hundejahre.* Berufung an die Berliner Akademie der Künste.
1965 Erste große Wahlkampfreise für die SPD. Georg-Büchner-Preis. Rede *Über das Selbstverständliche.* Geburt des Sohnes Bruno.
1966 *Die Plebejer proben den Aufstand* in Berlin uraufgeführt. Reisen in die USA, die ČSSR und nach Ungarn.
1967 *Ausgefragt.* Wahlkampf in Schleswig-Holstein und Berlin. *Über meinen Lehrer Döblin.*
1968 Fontane-Preis
1969 *Davor* in Berlin uraufgeführt. *örtlich betäubt.* Verschiedene Wahlkampfreisen.
1972 *Aus dem Tagebuch einer Schnecke.* Teilnahme am Bundestagswahlkampf. Übersiedlung nach Wewelsfleth.
1974 *Gesammelte Gedichte. Der Bürger und seine Stimme.* Geburt der Tochter Helene.
1975 Reise nach Indien.
1976 Ehrendoktortitel der Harvard University. Mit Heinrich Böll und Carola Stern Gründung der Zeitschrift L '76.
1977 *Der Butt.* Premio Internazionale Mondello, Palermo.
1978 *Denkzettel.* Stiftung des Alfred-Döblin-Preises. Premio Letterario Viareggio. Alexander-Majakowski-Medaille, Danzig. Scheidung von Anna Grass.
1979 *Das Treffen in Telgte.* Eheschließung mit der Organistin Ute Grunert. *Die Blechtrommel* von Volker Schlöndorff verfilmt.
1980 *Aufsätze zur Literatur. Kopfgeburten oder Die Deutschen sterben aus.*

1982 Feltrinelli-Preis, Rom.
1983 Präsident der Berliner Akademie der Künste.
1984 *Widerstand lernen.*
1986 *Die Rättin.* Aufbruch nach Calcutta. Ende der Tätigkeit als Präsident der Berliner Akademie der Künste. Übersiedlung nach Behlendorf.
1987 Zehnbändige Werkausgabe. Lesereise mit Günter «Baby» Sommer aus Dresden, Schlagzeug und Perkussion: Lyrik und Prosa seit *Die Blechtrommel.*
1988 *Zunge zeigen.* Leonhard-Frank-Ring der Stadt Würzburg.
1989 Austritt aus der Berliner Akademie der Künste. Rede vor dem Club of Rome.
1990 *Deutschland, einig Vaterland?* Streitgespräch mit Rudolf Augstein. Lesung des Romans *Die Blechtrommel* im Deutschen Theater, Göttingen. Ehrendoktor der Universität Poznán.
1991 Tonbandkassetten-Edition der Göttinger *Blechtrommel*-Lesung. *Vier Jahrzehnte,* Ein Werkstattbericht. *Gegen die verstreichende Zeit,* Reden, Aufsätze, Reden 1989–1991.
1992 *Unkenrufe. Rede vom Verlust;* über den Niedergang der politischen Kultur im geeinten Deutschland. Verleihung des Premio Grinzane Cavour. Stiftung des Daniel-Chodowiecki-Preises.
1993 Ernennung zum Ehrenbürger der Stadt Danzig. Premio Hidalgo, Madrid; Premio Comites, Italien.
1994 Großer Literaturpreis der Bayerischen Akademie der Schönen Künste. Medaille der Universidad Complutense, Madrid. Zusammen mit Philip Roth Karel-Capek-Preis, Prag.
1995 *Ein weites Feld.* Mit Kenzaburô Ôe *Gestern, vor 50 Jahren. Ein deutsch-japanischer Briefwechsel.* Hermann-Kesten-Medaille.
1996 Hans-Fallada-Preis der Stadt Neumünster. Sonning-Preis der Universität Kopenhagen. Thomas-Mann-Preis der Stadt Lübeck.
1997 Gründung der «Stiftung zugunsten des Roma-Volkes». Laudatio auf den Friedenspreisträger des Deutschen Buchhandels, Yasar Kemal, in der Frankfurter Paulskirche.
1999 *Mein Jahrhundert.* Nobelpreis für Literatur.
2000 Wolfgang-Koeppen-Stiftung (zusammen mit Peter Rühmkorf).
2001 *Fünf Jahrzehnte.* Ein Werkstattbericht.
2002 *Im Krebsgang.*

Zeugnisse

Hans Magnus Enzensberger

Die Blechtrommel kennt keine Tabus. Gewalttätig wirkt dieser Roman, weil er alles berührt, als wäre es antastbar. Eine seiner beklemmendsten Szenen schildert ein von Aalen wimmelndes Pferdeaas, das auf der Hafenmole von Neufahrwasser aus dem Meer gefischt wird. Immer wieder tritt die Erzählung in jene verbotene Sphäre ein, wo sich Ekel und Sexualität, Tod und Blasphemie begegnen. Was Grass in dieser Hinsicht einerseits von aller Pornographie trennt, andrerseits von dem sogenannten «schonungslosen Realismus» der amerikanischen Schule unterscheidet, was seine brüsken Eingriffe legitimiert, ja zu künstlerischen Ruhmestaten macht, das ist die vollkommene Unbefangenheit, mit der er sie vornimmt. Grass jagt nicht, wie Henry Miller, hinter dem Tabu her: er bemerkt es einfach nicht.
Süddeutscher Rundfunk, 1959; «Einzelheiten», 1962

Walter Jens

Ich halte die Figur des *«Großen Mahlke»* für eine der ergreifendsten und glaubhaftesten Jungen-Gestalten in der modernen Dichtung. Es ist erstaunlich, wie es Grass gelingt, das Nebeneinander von Derbheit und Frömmigkeit, Ausgelassenheit und Scheu, Prahlerei und Verzweiflung glaubhaft zu machen.
Gutachten für die Bundesprüfstelle für jugendgefährdende Schriften, 1962

Roland H. Wiegenstein

Und jede Wirklichkeit gilt ihm gleich viel wie allen großen Epikern. Solcher Haltung gegenüber ist die Frage, ob die *Hundejahre* denn nun ein Meisterwerk seien, falsch gestellt. Ich fürchte, Grass weiß gar nicht, was das ist, jedenfalls wenn seine eigene Prosa beredet wird. Er schreibt «für Leseratten» und für sich selbst, wie er es einmal formuliert hat, für geduldige und für ungeduldige Leseratten. Die einen werden sich an den Einzelheiten ergötzen, die anderen an den großen Szenen, den meisterhaften, die es fast beiläufig gibt, und das andere in Kauf nehmen.
Westdeutscher Rundfunk, 28. Oktober 1963

Jürgen Becker

Auch den Gedichten des Bandes *Gleisdreieck* ist abzulesen, daß sich Günter Grass mehr oder weniger instinktiv verhält, daß er ohne artistische Ambition schreibt. Offenbar selbstsicher seiner Mittel, verfährt er mit ihnen nach Gutdünken und ohne technisches Raffinement. Zugute kommt Grass dabei sein gleichsam plastisches Verhältnis zur Sprache, dank dem das Bezeichnete, der Gegenstand, nachgerade betastbar, greifbar wird. Grass' Gedichte haben oft eine sinnliche Qualität, die dem Geruch und dem Geschmack der Dinge nachgeht und dem Leser mitteilt. Hinzu kommt, daß Grass ungemein sensibel gegen rhythmische Qualitäten ist, die sich mitunter in seinen Gedichten niederschlagen; und solche Gedichte wirken, als seien sie am Schlagzeug auskomponiert.
Westdeutscher Rundfunk, 15. Februar 1961

Hans Mayer

Grass hat mit seinen beiden großen Romanen und der Erzählung *Katz und Maus* die Phantasie vieler Menschen beschäftigt. Endlose Gespräche über Obszönität und Ästhetik des Häßlichen, Naturalismus und literarische Schocktherapie werden seitdem geführt. Nicht bloß in Deutschland, sondern auch in Frankreich, wo der Blechtrommler Oskar Matzerath

triumphal Einzug hielt und eine Beachtung fand, die man im Lande des «Nouveau Roman» einer nichtfranzösischen epischen Kreation nur selten zu gewähren pflegt.
«Zur deutschen Literatur der Zeit»,
1967

Joachim Kaiser
Spannender als alle seine Dramen ist das Drama, das der Schriftsteller Günter Grass selber vorführt. Ob er wieder einmal gegenüber seinen Ansichten, Positionen, Engagements, Freunden und Feinden jene ungeheure zugleich künstlerische und anarchische Freiheit findet, der seine besten Werke zu verdanken sind? Gewiß: man kann diesen Günter Grass für den vielleicht demokratisch segensreichsten Intellektuellen halten, der nach dem Zweiten Weltkrieg die politische Bühne betreten hat.
«Text und Kritik» 1/1a, 1978

Wolfram Schütte
Es geht Grass in seinem *Treffen in Telgte* eher kupferstichartig als satt und farbig ausmalend, eher sinnbildlich als «realistisch», eher grundsätzlich als ins Beiläufige ausschweifend, typologisierend eher als individualisierend um den ganzen Reichtum und die Vielfalt der barocken Poesie, um Zwist und Einheit, Pathos und Illusion unter *«den Männern des bloßen Wortgeschehens»*, die sich da, *«zueinander getrieben»* in einer Zeit der Wirrnis, der mörderischen Dogmen und des fast schon Dreißigjährigen Krieges unter dem Dach eines westfälischen Wirtshauses und den Fittichen eines milden Richters versammelt haben, der die leicht aufbrandenden Leidenschaften des poetischen und politischen Diskurses durch sein abwiegelndes *«Ist ja gut, Kinder, später, Kinder»* immer wieder zu besänftigen weiß.
«Frankfurter Rundschau»,
31. Mai 1979

Hans Werner Richter
Vielleicht ist er selbst ein barocker Mensch. Vieles spricht dafür, und oft habe ich ihn so gesehen, seine Sinnesfreude, seine Neigung zum Grotesken, manchmal zum Burlesken, seine Liebe zum Leben. Nein, er ist keine Kunstfigur. Wer ihn einmal beim Kochen beobachtet hat, weiß, daß er ein hervorragender Koch geworden wäre, und er kocht auch barock. Er könnte sich, das ist mein Eindruck, dabei vergessen und bis in alle Ewigkeit kochen …
Seltsamerweise ist er nicht prunksüchtig. Das würde in mein Bild passen, aber er ist es nicht. Alles um ihn herum wirkt auf mich eher unbehaust, nicht gerade spartanisch, aber wohl archaisch. Da ist kein Stil zu finden, aber warum auch, er braucht ihn nicht. Er ist sein eigener Stil.
Auch das, was ich so oft bei Autoren, vor allen Dingen bei Kritikern, gefunden habe, Eitelkeit, nicht zu übersehende, manchmal aufdringliche Eitelkeit, besitzt er nicht. Ich habe jedenfalls nichts davon bemerkt.
Und Geltungssucht? Nun, die mag es geben, aber wenn, dann versteckt sie sich hinter seiner Begabung.
«Im Etablissement der Schmetterlinge».
1986

Lew Kopelew
Heute kommt es mir einfach unglaublich vor, daß Günter Grass das Rentenalter erreicht haben soll; seine Schriften und sein Verhalten strahlen eine unverbrauchte, immer noch jugendlich frische Energie aus, die brennend gegenwärtig und zugleich zukunftsgerichtet ist. Er hat noch viel zu schaffen und zu streiten, soll noch viel schreiben und zeichnen, wird noch oft trotzig und erfolgreich gegen den Strom rudern.
«Gegen den Strom». 1992

Zeichnung von David Levine, 1981

Das Nobelpreiskomitee
Günter Grass hat sich als ‹Spätaufklärer› bekannt in einer Zeit, die der Vernunft müde geworden ist. Er fabuliert und hält gelehrte Vorträge, er fängt Stimmen auf und monologisiert dreist, er ahmt nach und schafft gleichzeitig eine ironische Mundart, die nur er beherrscht. Durch seine Macht über die deutsche Syntax und seine Bereitschaft, ihre labyrinthischen Feinheiten zu nutzen, erinnert er an Thomas Mann. Sein schriftstellerisches Werk ist ein Dialog mit dem großen Erbe deutscher Bildung, der mit sehr strenger Liebe geführt wird.
Pressemitteilung der Schwedischen Akademie, 1999

Christoph Hein
Seit drei Jahrzehnten warteten seine Leser in Deutschland und in aller Welt auf diese Entscheidung. In dieser Zeit wuchs sein Werk, sein Ansehen, seine Bedeutung. Er hat die deutsche Literatur entscheidend beeinflusst, er wird weltweit verlegt und gelesen und weltweit war er folgenreich. […] Auch wir freuen uns

und feiern den Gelobten, freilich feiern wir ihn auf deutsche Art und nach deutschem Brauchtum. Wenn wir einer nationalen Katastrofe gedenken, so trauern wir nicht, sondern leisten eine Arbeit, Trauerarbeit. Unsere Scham über die deutsche Schande äußert sich als nationaler und nationalistischer Dünkel. [...] Und wenn der Nobel-Geehrte ein rechter Deutscher ist, wird er verstehen, dass wir anders nicht gelernt haben, ihn zu würdigen. Den wir lieben, versuchen wir zu erziehen, wir strafen ihn, um ihn zu bessern und ihm zu helfen. Gefühlsregungen anderer Art sind uns fremd und gelten als welsch.
«Freitag», 8. Oktober 1999

Nadine Gordimer
Er hält seinen Lesern den Spiegel vor und zwingt sie, in sich hineinzuschauen. Er schickt sie unablässig auf eine Reise zur Entdeckung des Selbst. So ist es ihm gelungen, wieder Leben in eine von den Nazis auf Worthülsen reduzierte Sprache zu bringen. Er selbst ist nie politisch korrekt gewesen. Wohl deshalb wird er von manchen scharf angegriffen. Wir in Südafrika haben viel von ihm gelernt. Auch hier hat ein rassistisches Regime geherrscht. Manchmal glaube ich gar, dass der Nazismus, nachdem er in Europa zu Ende war, in Südafrika wieder belebt wurde. Und das, was er über die Nazi-Diktatur zu sagen hat, könnte ebenso gut für die Zeit der Apartheid gelten.
Oktober 1999

Harald Jähner
Die *Danziger Trilogie* steckt voller Querschläger und Überschießendem; nichts darin lässt sich politisch und historisch funktionalisieren. Er hätte einfach so weitermachen müssen, um die Tabus der Bundesrepublik zu berühren. Doch mit seiner berühmten «Hinwendung zur Wirklichkeit», dem Wahlkampf von 1965, dem Kampf um die Ostverträge, begann er sich in den Tabus zu verfangen. Nun, in der Reue, bleibt ihm nichts übrig, als Tulla [Pokriefke, im *Krebsgang* wieder aufgenommene Figur aus der *Danziger Trilogie*], der Reuebotschaft zuliebe, endgültig die Flügel zu stutzen. Eine Schwindel erregende Konstruktion: Die alte Pokriefke schreit nach dem jungen Grass. Stattdessen kommt ein sozialdemokratischer Nobelpreisträger und fädelt sie durch ein sozialpädagogisch-geschichtsphilosophisches Nadelöhr. Dass er das im Krebsgang schafft, mit so viel widerspenstigen Beinchen, zeugt von Meisterschaft.
«Berliner Zeitung», 5. Februar 2002

Bibliographie

Die in der Folge genannten Bibliographien wurden für diese Übersicht, die auf die Masse der Sekundärliteratur nur hinweist, benutzt. Sie verzeichnen auch eine Vielzahl von Rezensionen, die hier nicht aufgenommen worden sind; nur Sammlungen von Rezensionen sind genannt. Die Bibliographie von F. J. Görtz in dem Band «Auskunft für Leser» umfasst alle Vor- und Einzelveröffentlichungen von Günter Grass. Bei den Buchausgaben der Werke (Erstausgaben) von Grass sind mit aufgeführt die Ausgaben in der Sammlung Luchterhand (SL), nach denen in dieser Monographie zitiert wird.
Seit 1997 liegt – neben der zehnbändigen Ausgabe im Luchterhand Verlag von 1987 (samt Kommentar) – eine mittlerweile achtzehn Bände umfassende Werkausgabe von Günter Grass im Göttinger Steidl Verlag vor.

1. Bibliographien

Görtz, F. J.: Kommentierte Auswahl-Bibliographie. In: Text + Kritik, Heft 1/1a, 1978. S. 175–199

Neuhaus, Volker: Günter Grass. In: H. L. Arnold (Hg.), Kritisches Lexikon zur deutschsprachigen Gegenwartsliteratur. München, 7. Nachlieferung, 1982

Görtz, F. J.: Bibliographie. In: F. J. Görtz (Hg.), Günter Grass: Auskunft für Leser. Darmstadt und Neuwied 1984. S. 297–310

2. Das Werk von Günter Grass

2.1 Buchausgaben

Die Vorzüge der Windhühner. Gedichte und Graphiken. Berlin 1956

Die Blechtrommel. Roman. Neuwied/Berlin 1959 (SL 147)

O Susanna. Ein Jazzbilderbuch. Blues, Balladen, Spirituals, Jazz. Bilder: Horst Geldmacher. Deutsche Texte: Günter Grass. Mit einem Nachwort von Joachim Ernst Behrendt. Köln/Berlin 1959

Gleisdreieck. Gedichte, mit Zeichnungen des Verfassers. Berlin 1960

Die bösen Köche. In: Modernes deutsches Theater. Hg. von Paul Pörtner. Bd. 1. Neuwied/Berlin 1961

Katz und Maus. Eine Novelle. Neuwied/Berlin 1961 (SL 148)

Hundejahre. Roman. Neuwied/Berlin 1963 (SL 140)

Fünf Wahlreden. Neuwied/Berlin 1965

Onkel, Onkel. Ein Spiel in vier Akten (geschrieben 1956/57). Berlin 1965 (Neufassung)

Die Plebejer proben den Aufstand. Ein deutsches Trauerspiel. Neuwied/Berlin 1966 (SL 250)

Ausgefragt. Gedichte und Zeichnungen. Neuwied/Berlin 1967

Über meinen Lehrer Döblin und andere Vorträge. Berlin 1968

Über das Selbstverständliche. Reden, Aufsätze, Offene Briefe, Kommentare. Neuwied/Berlin 1968

Briefe über die Grenze. Versuch eines Ost-West-Dialogs (mit Pavel Kohout). Hamburg 1968

örtlich betäubt. Roman. Neuwied/Berlin 1969 (SL 195)

Theaterspiele. (Hochwasser, Onkel, Onkel, Noch zehn Minuten bis Buffalo, Die bösen Köche, Die Plebejer proben den Aufstand, Davor). Neuwied/Berlin 1970

Gesammelte Gedichte. Mit einem Vorwort von Heinrich Vormweg. Neuwied/Darmstadt 1971 (SL 34)

Günter Grass – Dokumente zur politischen Wirkung. Hg. von H. H. Arnold und F. J. Görtz. München 1971

Aus dem Tagebuch einer Schnecke. Neuwied/Darmstadt 1972 (SL 310)

Mariazuehren. Gedicht. Mit Photographien von Maria Rama. München 1973
Der Bürger und seine Stimme. Reden, Aufsätze, Kommentare. Neuwied/Darmstadt 1974
Liebe geprüft. Gedichte. Bremen 1974
Der Butt. Roman. Neuwied/Darmstadt 1977 (SL 650)
Denkzettel. Politische Reden und Aufsätze 1965–1976. Darmstadt/Neuwied 1978
Das Treffen in Telgte. Eine Erzählung. Darmstadt/Neuwied 1979 (SL 558)
Werkverzeichnis der Radierungen. Berlin 1979/80 (Galerie André-Anselm Dreher)
Kopfgeburten oder Die Deutschen sterben aus. Darmstadt/Neuwied 1980 (SL 356)
Aufsätze zur Literatur. Darmstadt/Neuwied 1980
Zeichnen und Schreiben. Das bildnerische Werk des Schriftstellers Günter Grass. Bd. I: Zeichnungen und Texte 1954–1977. Hg. von Anselm Dreher, Textauswahl und Nachwort von Sigrid Mayer. Darmstadt/Neuwied 1982
«Ach Butt, dein Märchen geht böse aus». Gedichte und Radierungen. Darmstadt/Neuwied 1983 (SL 470)
Widerstand lernen. Politische Gegenreden 1980–1983. Vorwort von Oskar Lafontaine. Darmstadt/Neuwied 1984 (SL 555)
Zeichnen und Schreiben. Bd. II: Radierungen und Texte 1972–1982. Hg. von Anselm Dreher, Textauswahl und Nachwort von Siegrid Mayer. Mit einem Nachwort von Wieland Schmidt. Darmstadt/Neuwied 1984
Die Rättin. Roman. Darmstadt/Neuwied 1986
Zunge zeigen. Darmstadt 1988
Gegen die verstreichende Zeit. Hamburg/Zürich 1991
Unkenrufe. Eine Erzählung. Göttingen 1992
Rede vom Verlust. Über den Niedergang der politischen Kultur im geeinten Deutschland. Göttingen 1992
Novemberland. Gedichte. Göttingen 1993
Ein weites Feld. Roman. Göttingen 1995
Mein Jahrhundert. Göttingen 1999
Im Krebsgang. Göttingen 2002

2.2 Ballette und Theaterstücke

Stoffreste, Ballett. UA: Stadttheater Essen 1957
Hochwasser. Zwei Akte. UA: Frankfurt a. M. 1957
Onkel, Onkel. Stück. UA: Köln 1958
Beritten hin und zurück. Ein Vorspiel auf dem Theater. UA: Frankfurt a. M. 1959
Noch zehn Minuten bis Buffalo. Stück in einem Akt. UA: Bochum 1959
Fünf Köche, Ballett. UA: Aix-les-Bains und Bonn 1959
Die bösen Köche. Drama. UA: Berlin 1961
Goldmäulchen. Einakter. UA: München 1964
Die Plebejer proben den Aufstand. Ein deutsches Trauerspiel. UA: Berlin 1966
Davor. Ein Stück. UA: Berlin 1969
Die Vogelscheuchen. Ballett (geschrieben 1957). UA: Berlin 1970

2.3. Hörspiele

Zweiunddreißig Zähne. Süddeutscher Fundfunk 1959
Noch zehn Minuten bis Buffalo. BBC London 1962
Eine öffentliche Diskussion. Hessischer Rundfunk 1963
Die Plebejer proben den Aufstand. Süddeutscher Rundfunk 1966
Hochwasser. Deutschlandfunk 1977

2.4 Ausgewählte Interviews

Loetscher, Hugo: Günter Grass. In: Du, Zürich, Nr. 6, 1960
Morlock, Martin: Die schmutzigen Finger. In: Der Spiegel, Hamburg 31. 3. 1965
Leiser, Erwin: Gespräch über Deutschland. In: Die Weltwoche, Zürich, 23. 12. 1966
Hartlaub, Geno: Wir, die wir übriggeblieben sind ... In: Allgemeines deutsches Sonntagsblatt, Hamburg, 1. 1. 1967
Zimmer, Dieter E.: Politik interessiert zur Zeit mehr. Ein Interview mit Günter Grass. In: Die Zeit, Hamburg, 27. 10. 1967
Rischbieter, Henning: Gespräch mit Günter Grass. In: Theater heute, Nr. 4, 1969, S. 31 f.
Klunker, H.: Günter Grass: Ich und meine Rollen – Ein Gespräch. In: Allgemeines deutsches Sonntagsblatt, Hamburg, 12. 10. 1969
Bauer, Leo: Ich bin Sozialdemokrat, weil ich ohne Furcht leben will. Gespräch mit Günter Grass. In: Die Neue Gesellschaft, Bad Godesberg, Nr. 2, 1971
Tank, Kurt Lothar: Die Parolen und die Produktion: Ein Gespräch mit Günter Grass. In: Allgemeines deutsches Sonntagsblatt, Hamburg, 25. 7. 1971
Arnold, Heinz Ludwig: Gespräch mit Günter Grass. In: Text + Kritik, H. 1 / 1a, 1971, S. 1 f.
Rudolph, Ekkehart (Hg.): Protokoll zur Person. Autoren über sich und ihr Werk, München 1971, S. 59 f.
Heinemann, Frank J.: Das ist schon der Stil der Springer-Presse. In: Frankfurter Rundschau, 16. 10. 1974
Arnold, Heinz Ludwig: Verändert der Ruhm den Autor? In: Die Tat, Zürich, 22. 3. 1975
–: Gespräche mit Schriftstellern. München 1975, S. 74 f.
Raddatz, Fritz J.: Das Deutschland-Bild der Franzosen ist gefährlich. Alfred Grosser und Günter Grass diskutieren über die anti-deutsche Polemik in Frankreich. In: Die Zeit, Hamburg, 23. 9. 1977
Zimmermann, Harro: Vom Abenteuer der Aufklärung. Werkstattgespräche. Göttingen 1997
Bourdieu, Pierre, und Günter Grass: Alles seitenverkehrt. Zivilisiert endlich den Kapitalismus! Der Literaturnobelpreisträger Günter Grass und der Soziologe Pierre Bourdieu im Gespräch. In: Die Zeit, Hamburg, 2. 12. 1999
Spiegel, Hubert: Der Westen muß sich endlich fragen, was er falsch gemacht hat. Die Schnecke bleibt beharrlich. In: Frankfurter Allgemeine Zeitung, Frankfurt a. M., 27. 10. 2001

3. Über Günter Grass

Arnold, Heinz Ludwig (Hg.): Günter Grass. Text + Kritik 1961, Heft 4. Erweiterte und überarbeitete Auflage 1971, 5. Erweiterte Auflage 1978
–: Blech getrommelt. Günter Grass in der Kritik. Göttingen 1997
Bauer Pickar, Gertrud: Adventures of a flounder. Critical essays on Günter Grass' Der Butt. München 1982
Brode, Hanspeter: Günter Grass. München 1979. Autorenbuch 17
Cepl-Kaufmann, Gertrude: Günter Grass, Eine Analyse des Gesamtwerkes unter dem Aspekt von Literatur und Politik. Kronberg 1975
Diederichs, Rainer: Strukturen des Schelmischen im modernen deutschen Roman. Eine Untersuchung an den Romanen von Thomas Mann «Bekenntnisse des Hochstaplers Felix Krull» und Günter Grass «Die Blechtrommel». Diss. Zürich 1971
Durzak, Manfred: Plädoyer für eine Rezeptionsästhetik. Anmerkungen

zur deutschen und amerikanischen Literaturkritik am Beispiel von Günter Grass' örtlich betäubt. In: Akzente 1971, H. 6, S. 487f.
Enderstein, Carl O.: Zahnsymbolik und ihre Bedeutung in Günter Grass' Werken. In: Amsterdamer Beiträge zur neueren Germanistik. Bd. 34, 1974/75. S. 135f.
Ferguson, Lore: Die Blechtrommel von Günter Grass. Versuch einer Interpretation. (Diss. Ohio 1967) Bern 1976
Geissler, Rolf (Hg.): Günter Grass. Ein Materialienbuch. Neuwied 1976 (SL 214)
Goetze, Albrecht: Pression und Deformation. Zehn Thesen zum Roman «Hundejahre» von Günter Grass. Göttingen 1972
Görtz, F. J.: Günter Grass. Zur Pathogenese eines Markenbildes. Die Literaturkritik der Massenmedien 1959–1969. Eine Untersuchung mit Hilfe datenverarbeitender Methoden. Meisenheim am Glan 1978. Hochschulschriften Literaturwissenschaft, Bd. 20
–: Die Blechtrommel: Attraktion und Ärgernis. Ein Kapitel deutscher Literaturkritik. Darmstadt und Neuwied 1984
–: (Hg.): Günter Grass: Auskunft für Leser. Darmstadt und Neuwied 1984
Grass, Günter, und Gerhard Steidl: Stockholm. Der Literaturnobelpreis für Günter Grass. Ein Tagebuch mit Fotos von Gerhard Steidl. Göttingen 2000
Hermes, Daniela (Hg.): Warum Einmischung not tut. Die Kontroverse um Günter Grass und die Laudatio auf Yasar Kemal in der Paulskirche. Göttingen 1998
Holthusen, Hans Egon: Günter Grass als politischer Autor. In: Der Monat 1966, H. 216. S. 66f.
Hunt, Irmgard Elsner: Mutter und Muttermythos in Günter Grass' Roman «Der Butt». (University of Washington Diss. 1982) Frankfurt a. M. und Bern 1983
Jendrowiak, Silke: Günter Grass und die «Hybris» des Kleinbürgers. «Die Blechtrommel» – Bruch mit der Tradition einer irrationalistischen Kunst- und Wirklichkeitsinterpretation. Heidelberg 1979 (Frankfurter Beiträge zur Germanistik, Bd. 19)
Joch, Peter: Zaubern auf weißem Papier. Das graphische Werk von Günter Grass. Deutungen und Kommentare. Göttingen 2000
Jurgensen, Manfred (Hg.): Grass. Kritik – Thesen – Analysen. Bern/München 1973 (Queensland Studies in German Language and Literature, Bd. 4) (Mit Beiträgen von Heinz Ludwig Arnold, Manfred Jurgensen, Rolf Kellermann, Karl Krolow, Fritz J. Raddatz, David Roberts u. a.)
Kaiser, Gerhard: Günter Grass: Katz und Maus. München 1971
Loschütz, Gert (Hg.): Von Buch zu Buch – Günter Grass in der Kritik. Eine Dokumentation. Neuwied 1968
Mayer, Hans: Felix Krull und Oskar Matzerath. Aspekte eines Romans. In: Positionen des Erzählens. Hg. von Heinz Ludwig Arnold und T. Buck. München 1976, S. 49f.
Mews, Siegfried: Grass' «Kopfgeburten». The writer in Orwell's decade. In: German studies review 6/1983
– (Hg.): The fisherman and his wife. Günter Grass' «The Flunder» in critical perspective. New York 1983
Miles, Keith: Günter Grass. A critical study. New York 1975
Müller-Schwefe, Hans-Rudolf: Sprachgrenzen. Das sogenannte Obszöne, Blasphemische und Revolutionäre bei Günter Grass und Heinrich Böll. München 1978
Negt, Oskar (Hg.): Der Fall Fonty. «Ein weites Feld» von Günter Grass im Spiegel der Kritik. Göttingen 1996

Neuhaus, Volker: Günter Grass. Stuttgart 1979
–: Günter Grass: Die Blechtrommel. München 1988
–: Schreiben gegen die verstreichende Zeit. Zu Leben und Werk von Günter Grass. München 1997
Øhrgaard, Per: Günter Grass in Dänemark. Zur frühen Rezeption seiner Werke. In: Studia Germanica Posnaniensia 12/1983
O'Neill, Patrick: Günter Grass. A Biography 1955–1975. Toronto/Buffalo 1976
Polczyńska, Edyta: Günter Grass in Polen. Zur Rezeption seiner Werke. In: Studia Germanica Posnaniensia 12/1983
Raddatz, Fritz J.: Der Butt von Günter Grass. Eine erste Annäherung. In: Merkur 1977, H. 9, S. 892f.
Reddick, John: Vom Pferdekopf zur Schnecke. Die Prosawerke von Günter Grass zwischen Beinahe-Verzweiflung und zweifelnder Hoffnung. In: Positionen des deutschen Romans der 60er Jahre. Hg. von Heinz Ludwig Arnold, John Reddick u. a. München 1974, S. 39f.
Reich-Ranicki, Marcel: Günter Grass, unser grimmiger Idylliker. In: Deutsche Literatur in West und Ost. München 1963, S. 216f.
Schlöndorff, Volker: «Die Blechtrommel». Tagebuch einer Verfilmung. Neuwied 1979
Schneider, Irmela: Kritische Rezeption. «Die Blechtrommel» als Modell. Bern/Frankfurt a. M. 1975
Schonauer, Franz: Der fünfzigjährige Günter Grass. In: Neue Deutsche Hefte 1977, H. 3, S. 507f.
–: Günter Grass. Ein literarischer Bürgerschreck von gestern? In: Zeitkritische Romane des 20. Jahrhunderts. Hg. von Hans Wagener. Stuttgart 1975, S. 342f.
Steiner, George: Anmerkung zu Günter Grass. In: Sprache und Schweigen. Essays über Sprache, Literatur und das Unmenschliche. Frankfurt a. M. 1969, S. 147f.
Stolz, Dieter: Günter Grass zur Einführung. Hamburg 1999
Tank, Kurt Lothar: Günter Grass. Berlin 1974
Thomas, R. Hinton, und Wilfried van der Will: Günter Grass. In: Der deutsche Roman und die Wohlstandsgesellschaft. Stuttgart 1969
Völker, Klaus: Das Phänomen des Grotesken im neueren deutschen Drama. In: Sinn oder Unsinn. Das Groteske im modernen Drama. Stuttgart 1962
Wagenbach, Klaus: Günter Grass. In: Schriftsteller der Gegenwart. 53 Portraits. Hg. von K. Nonnenmann. Olten/Freiburg 1963, S. 118f.
Wieser, Theodor (Hg.): Günter Grass. Portrait und Poesie. Neuwied/Berlin 1968
Will, Wilfried van der: Pikaro heute. Metamorphosen des Schelms bei Thomas Mann, Döblin, Brecht, Grass. Stuttgart/Berlin/Köln/Mainz 1967
Willson, A. Leslie (Hg.): A Günter Grass Symposium. The University of Texas at Austin. Austin und London 1971
Willson, A. Leslie: Die doppelspitzige Feder von Günter Grass. Wiesbaden 1983

Namenregister

Die kursiv gesetzten Zahlen bezeichnen die Abbildungen.

Über den Autor

Heinrich Vormweg, geboren 1928, lebt in Köln. Er studierte Germanistik, Philosophie und Psychologie. Nach mehrjähriger Tätigkeit als Dramaturg, Regisseur und Feuilletonredakteur wirkt er seit 1963 als freier Autor, Literatur- und Theaterkritiker; Mitarbeiter der «Süddeutschen Zeitung» und verschiedener Rundfunkanstalten. Honory Professor der University of Warwick, Coventry. Buchveröffentlichungen u. a.: «Peter Weiss», Autorenbuch (1981), «Das Elend der Aufklärung», Essays (1984), «Weil die Stadt so fremd geworden ist», Gespräche mit Heinrich Böll (1985), «Der andere Deutsche – Heinrich Böll. Eine Biographie» (2000).

Quellennachweis der Abbildungen

© Hans Grunert, Berlin: Umschlagvorderseite
AP/SV-Bilderdienst, München: 3,28
© Isolde Ohlbaum, München: 7, 121
Toni Richter, München: 12
Keystone Pressedienst, Hamburg: 14, 58, 94
© Stiftung Archiv der Akademie der Künste Berlin, Günter Grass Archiv, Sammlung Maria Rama: 16/17, 18 (2), 19, 23, 34, 36 (2), 37 (2), 52, 54, 55, 61, 63, 72, 73, 75, 83, 101, 108, 113, 116, 117 (2)
ullstein bild, Berlin: 32, 33, 47, 59, 89, 103
© Bildarchiv Preußischer Kulturbesitz, Berlin, 2002: 44 (Foto: Yousuf Karsh, Ottawa), 158 (Foto: Germin)
Privatarchiv Grass: 45, 125, 161
©Renate von Forster, Frankfurt a. M.: 65
Robert Lebeck, Hamburg: 91,102
© Steidl Verlag, Göttingen: 106, 136, 162, Umschlagrückseite (2)
Malte Grunert, Hamburg: 110, 127
Udo Hoffmann: 122/123
© Gerhard Steidl, Göttingen: 139, 145, 147
Mit freundlicher Genehmigung des SPIEGEL-Verlags, Hamburg: 150
dpa, Bildarchiv Hamburg: 153
Scanpix Sverige, Stockholm: 160
© David Levine: 172

Trotz sorgfältiger Recherchen konnten nicht alle Rechteinhaber ermittelt werden. Der Verlag ist bereit, berechtigte Ansprüche in üblicher Weise abzugelten.

Philosophie

rowohlts monographien
Begründet von Kurt Kusenberg, herausgegeben von Wolfgang Müller und Uwe Naumann.

Hannah Arendt
dargestellt von Wolfgang Heuer
(50379)

Aristoteles
dargestellt von J.-M. Zemb
(50063)

Walter Benjamin
dargestellt von Bern Witte
(50341)

René Descartes
dargestellt von Rainer Specht
(50117)

Johann Gottlieb Fichte
dargestellt von Wilhelm G. Jacobs
(50336)

Michel Foucault
dargestelt von Bernhard H. F. Taureck
(50506)

Georg Wilhelm Friedrich Hegel
dargestellt von Franz Wiedmann
(50110)

Karl Jaspers
dargestellt von Hans Saner
(50169)

Immanuel Kant
dargestellt von Uwe Schultz
(50101)

Jean-Paul Sartre
dargestellt von Christa Hackenesch
(50629)

rowohlts monographien

Karl Marx
dargestellt von Werner Blumenberg
(50076)

John Stuart Mill
dargestellt von Jürgen Gaulke
(50546)

Friedrich Nietzsche
dargestellt von Ivo Frenzel
(50634)

Jean-Jacques Rousseau
dargestellt von Georg Holmsten
(50191)

Karl Popper
dargestellt von Manfred Geier
(50468)

Der Wiener Kreis
dargestellt von Manfred Geier
(50508)

Ludwig Wittgenstein
dargestellt von Kurt Wuchterl und Adolf Hübner
(50275)